ARRÊTER DE FUMER
EN 21 JOURS
sans engraisser

UNE NOUVELLE MÉTHODE
POUR VOUS LIBÉRER DU TABAC

Édimag inc. est membre de l'Association nationale
des éditeurs de livres.

DISTRIBUTEURS EXCLUSIFS

Pour le Canada et les États-Unis
Les Messageries ADP
955, rue Amherst
Montréal (Québec) H2L 3K4
Téléphone: (514) 523-1182
Télécopieur: (514) 939-0406

Pour la Suisse
Transat S.A.
Route des Jeunes, 4 Ter
C.P. 1210
1 211 Genève 26
Téléphone: (41-22) 342-77-40
Télécopieur: (41-22) 343-46-46

ARRÊTER DE FUMER EN 21 JOURS
sans engraisser

UNE NOUVELLE MÉTHODE
POUR VOUS LIBÉRER DU TABAC

**Maurice Larocque,
MÉDECIN**

Du même auteur:

Maigrir par la motivation, Éditions Quebecor, 1982.
Maigrir par le contrôle des émotions, Éditions Quebecor, 1984.
Maigrir par le subconscient, Éditions Quebecor, 1987.
Maigrir au jour le jour, Éditions Quebecor, 1989.
Guide des hydrates de carbone et du cholestérol, Éditions Quebecor, 1989.
Le poids mental, Éditions Quebecor, 1991.
Croquez dans le plaisir, Éditions Quebecor, 1993.

C.P. 325, Succursale Rosemont
Montréal (Québec), Canada H1X 3B8
Téléphone: (514) 522-2244
Télécopieur: (514) 522-6301
Courrier électronique: pnadeau@edimag.com

Éditeur: Pierre Nadeau
Mise en pages et couverture: Jean-François Gosselin

Dépôt légal: premier trimestre 1996
Bibliothèque nationale du Québec
Bibliothèque nationale du Canada

Impression originale: janvier 1996
Édition renouvelée: novembre 1999

Canada 🇨🇦
Nous reconnaissons l'aide financière du gouvernement du Canada par l'entremise du Programme d'Aide au Développement de l'Industrie de l'Édition (PADIÉ) pour nos activités d'édition.

Table des matières

AVANT-PROPOS DE L'AUTEUR
L'homme et sa cigarette 7

PROPOS D'UNE PSYCHOLOGUE 11

INTRODUCTION
Devez-vous vraiment cesser de fumer 25

PREMIÈRE PARTIE
Ce qu'il faut savoir sur le tabagisme 29

La cigarette, c'est quoi?.. 31

Pourquoi fumez-vous? 41

Comprendre votre comportement 49

Observer, analyser, comprendre 61

Votre décision est prise 73

DEUXIÈME PARTIE
le programme au jour le jour 85

CONCLUSION
Vous avez réussi! 157

RÉFÉRENCE 161

L'homme et sa cigarette

J'ai connu un homme qui est né à Alfred, en Ontario, en 1913 — il aurait plus de quatre-vingts ans aujourd'hui s'il était encore vivant.

Son histoire n'a rien de réjouissant, et elle ne fera sourire personne.

Devenu orphelin de père à l'âge de quatorze ans, et personne ne pouvant alors autorité sur lui, il se sentit libéré de toute contrainte. Et pour mieux savourer sa liberté, il a alors fumé sa première cigarette. Il eut, bien sûr, quelques nausées, il eut un peu mal à la tête, mais comme c'était un jeune garçon solide, habitué aux travaux durs, il passa outre. Il a allumé une deuxième cigarette, puis une troisième. Et il a continué.

À vingt ans, il ressentit déjà les premiers effets néfastes de la cigarette; quelques mois plus tard, il en souffrait vraiment.

Mais, essayait-il de se convaincre, la cigarette n'y était pour rien.

Et il a continué d'allumer cigarette après cigarette...
À trente ans, il s'installait à Montréal, se mariait, fondait
une famille, se lançait en affaires et... continuait de fumer :
trois paquets de cigarettes par jour, *soixante* cigarettes.

La cigarette et son triste cortège — la nicotine, le monoxyde
de carbone, les goudrons, les substances irritantes et les
substances cancérigènes — continuaient à exercer leurs
effets pervers.

Minaient sa santé.

Il souffrit de quelques maladies, jamais reliées à son
tabagisme, disait-il, en allumant une énième cigarette et en
en recrachant sa fumée.

À cinquante-quatre ans, hospitalisé pour une bronchite
chronique à Saint-Luc, on diagnostiqua un emphysème
pulmonaire.

Il fumait toujours ses soixante cigarettes par jour.

Puis son état s'est dégradé rapidement. Deux fois, presque
coup sur coup, il fut à nouveau hospitalisé. Il ne pouvait
plus respirer qu'à l'aide d'un masque à oxygène. Même
chez lui, il devait avoir son appareil d'inhalothérapie.

Ses enfants s'inquiétaient de la fragilité de cet
homme qu'ils avaient toujours connu solidement bâti.
C'était le désarroi. La peur aussi, parce que les bruits de
l'appareil frappaient leur imagination.

Et, surtout, chacun autour de lui se demandait avec
anxiété s'il pourrait réussir à prendre sa prochaine bouffée
d'air.

Il ne fumait plus.

Il bougeait à peine.

Il était devenu, disons-le, invalide.

La cigarette avait pris son temps, quarante ans,

mais ses effets s'étaient mani-
festés de façon foudroyante,
apeurante aussi.

À soixante-dix ans, le
11 mai 1983, cet homme est
mort.

Il était ravagé — plus
personne ne le reconnaissait.

Les quinze dernières
années de sa vie avaient été un
véritable supplice.

Pour lui. Pour ses
proches.

Quand il est mort, j'ai pleuré.
Et je peux dire que j'ai pleuré
comme un enfant, et pour
cause : cet homme, c'était mon
père.

Je n'ai jamais fumé une
seule cigarette de ma vie.

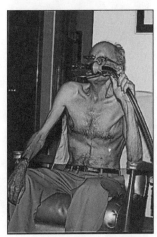

sur la photo du haut,
mon père avant
sa déchéance physique.
La photo du bas le montre
avec son masque
à oxygène devenu
indispensable.

PROPOS D'UNE PSYCHOLOGUE

L'homme que le docteur Larocque vous a brièvement décrit au début de ce livre, moi aussi je l'ai connu. Comme vous, malheureusement, mon contact avec cet homme n'aura été que très succinct. Cet homme était mon grand-père. La seule image que j'ai eue de lui et qu'il me reste encore aujourd'hui est de le voir connecté à son respirateur. Je le revois encore : maigre, fragile et faisant de grands efforts pour trouver son souffle, et je frissonne. Je ne comprenais pas exactement ce qui se passait, mais je savais qu'il souffrait énormément. Chaque fois que j'avais l'occasion d'aller le voir, ce n'était que pour quelques minutes, puisqu'il avait énormément de difficulté à respirer et il devait alors se retirer dans sa chambre pour retrouver la seule aide disponible : son respirateur. Je n'avais pas encore 10 ans quand il est décédé. Moi aussi j'ai pleuré. J'ai pleuré de ne pas avoir pu connaître davantage cet homme qu'on me disait si enjoué et chaleureux. J'ai aussi pleuré de voir la souffrance de ses proches qui devraient dorénavant se priver de sa présence. À ce moment-là, je ne comprenais pas trop pourquoi mon grand-père était décédé. J'ai bien sûr entendu parler d'emphysème et de cigarettes mais, pour moi, tout cela était un jargon bien incompréhensible. En vieillissant, j'ai eu moi aussi à composer avec la cigarette. J'ai bien essayé avec une copine d'en griller une ou deux, mais ce fut le seul contact que j'ai eu avec cette drogue légale que l'on dit sociale. Heureusement pour moi, je n'ai pas été élevée dans un environnement en fumée. Cela explique peut-être pourquoi je n'ai jamais continué à fumer. Par contre, je sais bien que vous n'avez peut-être pas eu cette chance vous-même et qu'à force d'être en contact avec des gens qui fument, vous avez vous aussi commencé ; et encore aujourd'hui, la cigarette continue d'empoisonner votre vie. Je n'ai peut-être pas de mérite à ne pas avoir commencé à fumer. Par contre, depuis que j'ai pris connaissance des nombreux méfaits de cette drogue et que j'ai finalement compris ce qui m'avait privée de mon grand-père si jeune, j'ai fait un choix conscient de demeurer non-fumeuse. Car oui, aujourd'hui, nous les adultes avons le pouvoir de décider de nos actions. Nous sommes responsables de nos choix. Peu importe ce qui nous a menés dans le passé à prendre notre première cigarette ou notre premier paquet, nous avons le pouvoir maintenant de décider ce qu'il y a de mieux pour nous.

Comme le docteur Larocque vous le présentera dans les chapitres suivants, plusieurs facteurs peuvent influencer le comportement tabagique et même engendrer à la fois une dépendance physique et psychologique. Ainsi, afin d'être efficaces et complets, les traitements doivent tenir compte de ces deux composantes. C'est donc en partie pour cela que je me suis intéressée à la méthode du docteur Larocque, puisqu'en même temps qu'il aborde le côté physique du problème par sa formation médicale, il s'intéresse aussi au domaine psychologique de la dépendance à la cigarette qui requiert un travail aussi bien au niveau des pensées, du comportement que des émotions. Bien au fait des dernières données sur le sujet, le docteur Larocque a su bâtir un programme simple et accessible qui permettra aux plus accrocs de cesser une fois pour toutes l'usage du tabac.

Je ne mettrais pas ma main au feu, mais je suis portée à croire que ce n'est pas la première fois que vous essayez d'arrêter de fumer. Est-ce que je me trompe? Ne soyez pas gêné... Cette réalité est celle de la majorité des fumeurs aujourd'hui, de même que celle des gens qui veulent perdre du poids, commencer un programme d'exercice ou changer tout autre comportement. Plusieurs recherches ont été faites afin de trouver une explication à cette réalité de rechutes lors de processus de changement de comportements, quels qu'ils soient, et un facteur déterminant semble ressortir parmi les autres : la motivation de la personne à vouloir modifier ses habitudes. Sans cette motivation, tous les efforts sont à peu près voués à l'échec. Si vous prenez votre propre expérience passée, étiez-vous vraiment motivé à vouloir arrêter de fumer? Ressentiez-vous ce désir intérieur intense d'arrêter de fumer ou ressentiez-vous plutôt le besoin de répondre aux pressions de votre entourage? En prenant conscience de toute l'importance de la préparation et de la motivation nécessaires afin de réussir à maintenir un changement de comportement, peut-être réaliserez-vous que lors de vos précédentes tentatives de cessation, vous n'étiez peut-être pas tout à fait prêt à passer à l'action. Vous aviez peut-être franchi des étapes importantes dans le processus de changement, vous menant ainsi une nouvelle fois à une rechute.

Intéressée par ces processus de changement quels qu'ils soient, je tenterai donc au cours des prochaines pages de vous présenter un modèle de changement que je trouve très utile et qui saura, je l'espère, vous permettre d'apprendre de vos expériences passées afin de mieux vous préparer pour enfin cesser définitivement de fumer. Bonne lecture.

Un modèle de processus vers le changement

Plusieurs recherches entreprises dans le traitement des dépendances démontrent que ce ne sont pas toutes les personnes traitées qui s'améliorent. Certaines d'entre elles cessent leur traitement avant terme et d'autres rechutent après avoir fait quelques progrès. Les raisons les plus répandues : relation inadéquate entre le thérapeute et le patient, techniques ou théories utilisées non appropriées aux besoins, patient résistant, sur la défensive ou pas motivé. Compte tenu de ces multiples facteurs explicatifs, plusieurs études ont été entreprises afin de mieux cerner le processus de changement comportemental. Un de ces schémas a été découvert chez les fumeurs par Prochaska et DiClemente (1992), deux chercheurs qui, depuis plusieurs années, travaillent à développer ce modèle basé sur ce qu'ils appellent les stades du changement. Par ailleurs, il semble que ce modèle soit aussi de plus en plus utilisé au niveau des nouvelles politiques gouvernementales en santé publique, la force principale de ce modèle étant de pouvoir cerner les besoins précis de la personne lors de sa démarche vers le changement et ainsi pouvoir lui apporter l'aide dont elle a vraiment besoin. De cette façon, les interventions deviennent de plus en plus bénéfiques et efficaces puisqu'elles ciblent davantage les besoins de base de la personne. Si la personne se retrouve dans les premiers stades du processus, ce sera alors davantage les thérapies orientées sur ses pensées, ses sentiments et ses raisons personnelles de fumer qui lui seront plus bénéfiques. Par contre, si la personne se retrouve davantage aux derniers niveaux du processus, des thérapies alors plus comportementales orientées sur les processus actifs sauront mieux répondre à ses besoins. Cela rend donc les interventions plus efficaces, il y a moins de pertes, moins de rechutes et plus de réussites à la fois pour l'aidé et pour l'aidant. Mon but en vous présentant ce modèle est de vous permettre de mieux vous situer dans votre processus de cessation tabagique, vous permettant ainsi de mieux vous comprendre et de mieux diriger vos efforts afin de maximiser vos chances de réussite.

Le modèle :

LES STADES DU CHANGEMENT

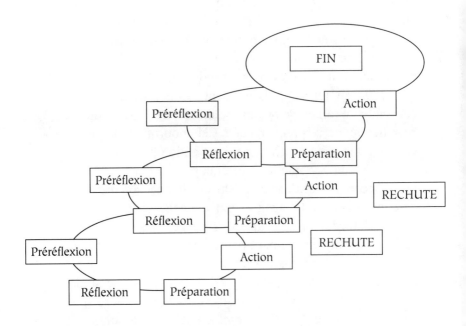

Le modèle de Prochaska et DiClemente propose une progression du comportement de dépendance à travers cinq stades : la préréflexion, la réflexion, la préparation, l'action et le maintien. De plus, l'individu doit généralement naviguer à travers ces stades plusieurs fois avant de se libérer complètement de sa dépendance. Ainsi, le modèle ressemble davantage à une spirale où nous pouvons circuler librement entre les divers stades jusqu'à ce que le maintien se fasse pour une période de plus de six mois.

LE STADE DE LA PRÉRÉFLEXION

Si vous vous retrouvez au stade de la préréflexion, vous ne ressentez probablement pas le besoin de cesser de fumer. Vous ne connaissez pas les risques pour votre santé ou vous ne voulez pas les connaître, ou reconnaître qu'ils peuvent être nuisibles pour vous. Vous êtes plutôt porté à sous-estimer votre problème. Ce n'est probablement pas parce que vous ne voyez pas de solution, mais plutôt parce que vous ne voyez pas de problème. À ce stade, vous avez l'impression que les inconvénients de modifier votre habitude sont encore plus grands que les avantages que vous en retirez présentement ; donc, vous préférez continuer de fumer. Selon Santé Canada, 55 % des fumeurs se situeraient à ce premier stade. Cela pourrait expliquer la grande difficulté à trouver une intervention juste et efficace auprès de cette population puisque, premièrement, elle n'a pas pris conscience de la nécessité de changer son habitude de consommer du tabac et, deuxièmement, elle n'envisage pas de changement au cours des six prochains mois. Ainsi, ce n'est pas nécessairement parce que les risques reliés au tabagisme ne sont pas assez visibles ou publicisés, mais cela peut aussi vouloir dire que la personne, à ce stade, ne veut pas les voir puisqu'elle ne considère pas son comportement comme problématique. De plus, on remarque souvent que lorsque cette personne consulte son médecin, pharmacien ou thérapeute pour de l'aide, c'est sous l'influence de son entourage. Or, une fois cette pression diminuée, la personne abandonne son traitement et recommence à fumer.

Avez-vous l'intention de cesser de fumer au cours des six prochains mois?

Si vous répondez NON à la question, c'est bien parce que vous en êtes au stade de la préréflexion. À ce stade, je ne vous conseille pas de commencer le programme de 21 jours du docteur Larocque tout de suite, puisque vos tentatives sont vouées directement à l'échec. Si vous entreprenez ce programme, ce sera bien pour répondre à des pressions extérieures, mais certainement pas à vos besoins, ce qui un jour vous pèsera et vous mènera à l'abandon. Je vous conseille donc avant d'entreprendre toute démarche concrète dans le but de cesser de fumer, de lire et relire les premiers chapitres de ce livre afin de vous sensibiliser à la possibilité de cesser de fumer.

Par contre, si vous avez répondu OUI à cette question, c'est que vous faites probablement partie du deuxième stade : la réflexion.

LE STADE DE LA RÉFLEXION

Selon Santé Canada, 35 % des fumeurs se retrouvent à ce stade-ci. Certains même y demeurent de façon chronique. À ce stade, vous reconnaissez que votre consommation de tabac est problématique et vous commencez à vous poser des questions sur votre comportement. Vous êtes plus disponible à recevoir de l'information et vous comprenez mieux les risques que cette habitude peut avoir sur votre santé. Vous prenez plus conscience des inconvénients à long terme par rapport aux avantages à court terme que le fait de fumer vous procure présentement. Par contre, même si vous commencez à réaliser que vous avez un problème, vous ne passez pas à l'action tout de suite, car vous estimez probablement que les inconvénients d'arrêter sont encore plus grands que les avantages que vous pourriez en retirer. Une partie de vous veut changer, MAIS l'autre ne désire pas faire les efforts requis. Ainsi, vous continuez de réfléchir à votre comportement, mais ne passez pas à l'action, et cela peut prendre six mois ou même ne jamais arriver.

Avez-vous l'intention de cesser de fumer au cours des 30 prochains jours?

Avez-vous essayé de cesser de fumer ou fait quoi que ce soit en ce sens au cours de la dernière année?

Si vous avez répondu NON, c'est que vous faites partie du stade de la réflexion. Ainsi, vous continuez à vous évaluer en tant que fumeur jusqu'à ce que vous deveniez peut-être assez troublé cognitivement et émotivement afin de vous décider à prendre des actions concrètes. Comme lors du premier stade, je vous conseille de poursuivre votre documentation au niveau des effets à long terme du tabagisme, de la fumée secondaire sur votre entourage, etc. Relisez les premiers chapitres du présent livre afin de bien prendre conscience des risques du tabac sur votre santé. De plus, vous pouvez commencer à vous informer sur les différentes interventions pharmacologiques disponibles afin de vous aider dans votre sevrage physique de nicotine. Bien qu'il ait été prouvé que ces moyens seuls ne pouvaient pas garantir une réussite dans la cessation tabagique, puisque la dépendance psychologique doit aussi être traitée, la méthode que le docteur Larocque propose dans ce livre demeure une très bonne façon d'aborder le problème de façon complète. Par contre, vous devez apprendre à respecter votre rythme et, quand vous sentirez ce désir interne d'arrêter de fumer, vous pourrez poursuivre la lecture du livre et vous initier au programme de 21 jours. Ne brûlez pas d'étapes, c'est déterminant pour la réussite de votre cheminement. Votre livre sera toujours là pour la suite du processus ; ne craignez rien, il vous attendra.

Si vous avez répondu OUI aux deux questions précédentes, c'est que vous faites partie du troisième stade : la préparation.

LE STADE DE LA PRÉPARATION

À ce stade-ci, vous avez réussi à vous défaire de votre ambivalence entre le pour et le contre de cesser de fumer. Vous considérez maintenant qu'il y a plus d'avantages que d'inconvénients à abandonner le tabac et vous voulez que quelque chose change puisque vous ne voulez plus continuer à fumer comme vous le faisiez auparavant. Vous avez plus confiance en votre capacité à composer avec la tentation de fumer. Vous pouvez donc avoir déjà commencé à diminuer votre consommation de cigarettes ou à reporter le moment de votre première cigarette, mais vous n'arrêtez pas complètement tout de suite. Vous pouvez avoir essayé d'arrêter pendant 24 heures, mais vous planifiez votre date d'arrêt définitif seulement dans les 30 prochains jours. Le stade de la préparation est le plus crucial, car c'est ici que vous commencerez à vous établir des buts concrets et réalistes qui vous permettront d'arrêter finalement de fumer. Si vos buts sont trop élevés (temps trop restreint ou non-respect de votre rythme), vos efforts seront voués à l'échec et vous abandonnerez votre démarche déjà si bien enclenchée. De plus, c'est à ce stade que vous commencerez à prévoir les situations de rechute, en trouvant des moyens concrets d'y faire face tout de suite, afin de pouvoir les utiliser rapidement plus tard, lors de situations critiques. De plus, la préparation à l'action amène souvent son lot de craintes et de blocages pouvant être reliés à des expériences passées négatives ou à des échecs antérieurs lors de la tentative de cesser de fumer. De tels blocages ont déjà été exposés dans les publications antérieures du docteur Larocque, soit MAIGRIR PAR LA MOTIVATION, qui sont en lien étroit avec la perte de poids ; mais sachez, qu'ils sont tous aussi utiles peu importe le changement de comportement entrepris. Par ailleurs, en ayant suivi consciencieusement la progression de chaque stade, vous aurez su faire naître en vous un désir intrinsèque de changement, ainsi que l'énergie nécessaire pour entreprendre les modifications de comportement attendues, ce qui saura maximiser vos chances de réussite.

Avez-vous réussi à ne pas fumer pendant la période de un jour à six mois qui vient de s'écouler?

Si vous avez répondu NON à cette question, c'est que vous faites bien partie du stade de préparation. Commencez donc la lecture du chapitre 4 et les suivants, et avancez une étape à la fois puisque le succès dépend de la satisfaction à court terme que vous obtiendrez lorsque vous aurez atteint vos moindres petits objectifs, vous redonnant ainsi confiance en vous afin de poursuivre le processus de changement jusqu'au bout.

Si vous avez répondu OUI à cette question, c'est que vous faites partie du quatrième stade, celui de l'action.

LE STADE DE L'ACTION

Vous faites partie du stade de l'action dès le moment où vous avez décidé de modifier concrètement vos habitudes afin de vous départir de votre dépendance, et que vous avez arrêté de fumer complètement lors des six derniers mois. Cela demande beaucoup de temps et d'énergie, mais ce sont ces modifications qui sont les plus visibles. Or, c'est ici que vous recevez souvent le plus de reconnaissance de votre entourage. Vous vous sentez de plus en plus efficace et prenez confiance en vous à mesure que vous atteignez les objectifs que vous vous étiez fixés au stade de la préparation. Plus vous avez confiance en vous, plus votre image de vous-même s'améliore et plus vous croyez que c'est important pour vous de poursuivre le processus de changement. Vous vous sentez de plus en plus responsable de votre succès et vous développez un sentiment grandissant d'efficacité et de satisfaction personnelle. Par ailleurs, plus vous progressez dans votre modification de comportement et plus vous êtes confronté à vos limites personnelles. Vous êtes davantage vulnérable à ce stade-ci puisque vous n'aurez pas encore intégré complètement de nouvelles façons de composer avec les stress extérieurs. Vous êtes plus à risque, à ce stade-ci, de rechuter, c'est-à-dire de revenir temporairement à un stade antérieur. Par contre, rechuter ne veut pas dire pour autant abandonner. Si vous êtes rendu à ce stade, c'est ici que vous aurez le plus besoin du support affectif de vos proches, du soutien des professionnels de la santé ainsi que de leur compréhension, puisque la rechute est un événement qui fait partie intégrante du processus de changement en général même s'il n'est pas pour autant facile à accepter ou à vivre. Selon les chercheurs, ce qui fait que les gens dans la phase d'action ont pu ne pas rechuter pourrait être attribuable au fait qu'ils pouvaient compter davantage sur le support de proches afin de mieux composer avec les situations de tentation ou émotivement affligeantes. Ainsi, le fait de pouvoir exprimer ses émotions et de se sentir entendu et compris quand nous sommes en colère, anxieux ou déprimé demeure une aide inestimable et prévient la rechute. Il faut tout de même demeurer vigilant puisque même si le stade de l'action signifie que la personne est abstinente, cela ne signifie pas pour autant que le changement est intégré. Un travail au niveau du maintien de ces changements reste à faire.

LA RECHUTE

Comme il a déjà été mentionné plus haut, la plupart des gens qui entreprennent de changer leur comportement tabagique n'arrivent que très rarement à maintenir leurs gains lors de leur première tentative. Pour les fumeurs, il semble qu'une moyenne de trois ou quatre tentatives soit nécessaire avant de pouvoir demeurer abstinent de la cigarette. Lors d'une rechute, l'individu régresse à un stade antérieur et il peut alors arriver qu'il se sente comme un raté, embarrassé, honteux et coupable. Qu'il résiste dorénavant à s'engager dans un nouveau processus de changement de comportement. Il revient alors au stade de préréflexion. Il semble que ce soit le cas pour 15 % des fumeurs qui ont déjà fait une tentative d'arrêter de fumer. Par contre, pour la vaste majorité de ceux qui rechutent, soit 85 %, ils reviennent soit au stade de réflexion ou de préparation. Cela permet donc de réévaluer le processus et le plan d'action initial, tout en y apportant quelques ajustements afin de maximiser les chances de succès futur. Ainsi, comme le docteur Larocque saura bien vous l'enseigner au cours de son programme, la rechute ou les échecs sont de MERVEILLEUSES occasions de vous améliorer et vous devez les utiliser à leur plein potentiel. De plus, cette analyse rétroactive vous permet de réaliser les gains que vous aurez effectués depuis le début du processus, vous permettant ainsi l'acquisition de bases solides nécessaires afin de réintégrer à nouveau le programme. Mieux outillé, vous pourrez maintenant mieux vous préparer afin de faire face à des situations similaires qui sauront bien se représenter dans le futur. Bien que douloureuse, la rechute se veut quand même souhaitable dans un sens puisqu'elle représente la seule façon de consolider vos acquis. Par contre, vous pouvez vous consoler puisque des apprentissages sont faits à chaque tentative, les cycles deviennent beaucoup plus courts et l'utilisation des outils nouvellement acquis beaucoup plus rapide.

LE STADE DU MAINTIEN

Le maintien se produit lorsque la personne n'a plus fumé, donc est abstinente, depuis au moins six mois. Le maintien n'est pas un stade passif puisque la personne doit constamment se remémorer les inconvénients du tabagisme, ainsi que les avantages d'être maintenant non-fumeuse afin de conserver ses acquis. Elle continue d'identifier les situations qui peuvent l'amener à rechuter et se donne les moyens pour y faire face ou les éviter. Selon de précédentes recherches, il semble que quatre facteurs pourraient prédire, en partie, un maintien : la capacité de la personne à parler de ce qu'elle vit avec son entourage, sa capacité à croire davantage en son choix de ne pas fumer, sa capacité de changer sa façon de vivre et de réagir dans des situations où les gens fument, et finalement son habileté à changer sa façon de penser et de se sentir en tant qu'ex-fumeuse.

Voici donc un portrait global d'un des modèles de changement les plus utilisés dans le cadre des modifications de comportements liés à des dépendances. Vous vous êtes sûrement reconnu dans un des stades présentés. Ayant déjà entrepris la lecture de ce livre, cela me porte à croire que vous êtes à tout le moins dans un stade de réflexion (ou si vous l'avez reçu en cadeau et que vous vous sentez obligé de le lire pour faire plaisir à quelqu'un, vous êtes peut-être alors au stade de la préréflexion). Consolez-vous, ce n'est pas la majorité des personnes dépendantes de la cigarette qui se retrouvent au stade de l'action. Selon les chercheurs, 10 % à 15 % des fumeurs se préparent à l'action, 30 % à 40 % sont au stade de réflexion et 50 % à 60 % sont dans la période de préréflexion. Peu importe où vous vous situez, les outils sont entre vos mains, le pouvoir de les utiliser ou de les mettre de côté aussi. Ce qui est déterminant dans la réussite de votre objectif maintenant, c'est de réaliser les bonnes choses aux bons moments. Commencez la lecture des prochains chapitres en conservant toujours clair à votre esprit que vous êtes responsable de votre bonheur et qu'il n'en tient qu'à vous d'aller piger dans ces pages les outils qui vous mèneront à un bien-être et une vie en santé, qui vous permettront ainsi d'atteindre vos objectifs les plus chers.

Je vous souhaite bonne route à travers la spirale du changement, en espérant que vous y serez bien accompagné.

Marie Christine Larocque

Devez-vous vraiment cesser de fumer?

Vous pouvez décider de continuer de fumer. J'accepterai votre décision, même si je ne l'approuverai évidemment pas. Je ne suis pas de ceux qui réclament des augmentations de prix des cigarettes car je ne crois pas que cela, comme n'importe quelle autre mesure restrictive ou répressive d'ailleurs, puisse contrer efficacement le tabagisme. Mais si je ne crois pas que les gouvernements doivent légiférer pour diminuer le tabagisme, je crois cependant qu'ils doivent être animés par une volonté manifeste — et une action pratique — de sensibilisation.

N'oublions pas qu'un fumeur qui cesse de fumer *contre* sa volonté ne sera pas longtemps un non-fumeur.

Il faut qu'il veuille arrêter de fumer.

Il faut qu'il soit conscient des bienfaits qu'il retirera lorsqu'il arrêtera de fumer.

Quant à savoir si vous devez vraiment cesser de fumer, c'est une tout autre question. Et, à mon avis, et avec l'exemple que je vous ai décrit en avant-propos, c'est une question qui ne se pose même pas.

Les maladies reliées au tabagisme provoquent des dégâts considérables, souvent irréparables, et entraînent des coûts sociaux importants, sans parler de la mortalité qu'elles provoquent. En 1995, par exemple, on prévoit que 48 000 décès au Canada seront attribuables au tabagisme; 48 000 décès c'est l'équivalent de *l'écrasement et la mort de tous les passagers de deux avions gros porteurs dans votre cour à chaque semaine*. Si ces crashs se produisaient avec autant de régularité, ne croyez-vous pas que l'industrie aérienne serait remise en question et que les gouvernements agiraient avec force et détermination? Personne n'en doute. Pourtant, dans le cas qui nous intéresse ici, le tabagisme, les actions prises par les gouvernements sont tout simplement ridicules.

Il ne fait plus aucun doute pour personne, sauf peut-être pour les manufacturiers de cigarettes, que le tabac est une substance dangereuse dont le plaisir qu'on en retire est payé très cher.

On ne s'étonnera donc pas que de plus en plus de gens souhaitent cesser de fumer.

Depuis maintenant plusieurs années, de plus en plus de gens viennent me consulter : ils cherchent la meilleure façon d'arrêter de fumer sans engraisser. Le contact personnel du fumeur avec son médecin l'aide indéniablement à mettre fin à cette servitude, mais se limiter à la consultation en cabinet privé c'est aussi, à mon avis, nous limiter dans notre intervention, en tant que médecin, auprès de tous ces autres — *vous* tous qui me lisez présentement par exemple — qui souhaitent aussi cesser de fumer et qui, pour une raison ou pour une autre, n'ont jamais consulté de médecin.

Au fil du temps donc, après avoir connu du succès avec des techniques de motivation que j'ai mises au point pour la perte de poids, j'ai développé une technique similaire, un programme de motivation de 21 jours, pour arrêter de fumer. Ce plan de motivation, connu sous le nom de *Motivation Santé / Arrêter de fumer sans engraisser* n'était cependant disponible, jusqu'à aujourd'hui, qu'en cassettes audio.

Aujourd'hui, je reprends donc l'essentiel de ce programme, tout en y ajoutant quantité d'informations que le fumeur doit connaître pour se persuader qu'en cessant de fumer il prend non pas la meilleure décision mais la *seule* qu'il puisse prendre en toute logique.

Alors, à qui donc s'adresse ce livre?

- À ceux qui ont fumé, qui ont cessé de fumer et qui ont recommencé;
- À ceux qui fument et qui ont décidé d'arrêter de fumer;
- À ceux qui fument et qui ne sont peut-être pas encore prêts à s'arrêter; ils trouveront matière à réflexion.

Ce livre vous dira très précisément ce que vous avez à faire pendant 21 jours; la façon dont vous pouvez vous débarrasser de votre dépendance physique et, surtout, de votre dépendance psychologique. Vous trouverez également des tests qui vous diront quel genre de fumeur vous êtes, quelles sont vos motivations et votre degré de dépendance à la nicotine.

Vous pouvez le lire en entier une fois pour savoir ce qui vous attend tout au long de ce programme puis, le «Jour J» venu, placez ce guide — qui est très simple, vous le verrez — sur votre table de chevet et consultez-le chaque jour au lever et au coucher, pour y faire les exercices suggérés.

Suivez-le de façon sérieuse pendant 21 jours et, arrivé à la conclusion, vous aurez définitivement cessé de fumer et appris à établir une motivation solide qui pourra par ailleurs vous aider sur d'autres plans de votre vie.

Si d'autres ont réussi à cesser de fumer, pourquoi ne le pourriez-vous pas, **vous?**

PREMIÈRE PARTIE

Ce qu'il faut savoir sur le tabagisme

La cigarette, c'est quoi?

« *On vante volontiers le vin et ses vertus. Les fumeurs revendiquent au mieux le droit d'avoir tort.* »

Norbert Bensaïd,
La lumière médicale (1982), Le Seuil.

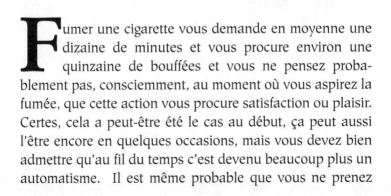

Fumer une cigarette vous demande en moyenne une dizaine de minutes et vous procure environ une quinzaine de bouffées et vous ne pensez probablement pas, consciemment, au moment où vous aspirez la fumée, que cette action vous procure satisfaction ou plaisir. Certes, cela a peut-être été le cas au début, ça peut aussi l'être encore en quelques occasions, mais vous devez bien admettre qu'au fil du temps c'est devenu beaucoup plus un automatisme. Il est même probable que vous ne prenez plus réellement concience du moment où vos doigts pigent dans votre paquet pour porter une cigarette à vos lèvres avant de l'allumer. Mais vous persistez à dire : «C'est bon!» — soit! nous y reviendrons.

Mais, il serait peut-être bon que vous sachiez d'abord, et très précisément, ce que vous fumez, sans que cette réalité ne soit enjolivée ou encore dramatisée — d'ailleurs, elle n'en a aucunement besoin puisqu'elle parle d'elle-même. Rappelons-nous cette annonce publicitaire télévisée, assez récente, dans laquelle on voit un homme, accoudé à un bar, presser un amas de cigarettes et laisser couler leur jus dans un verre qu'il avale ensuite d'un trait, avant de le recracher sous forme de fumée. Cette annonce est-elle exagérée? À vous de juger : cette mixture est effectivement représentative des différentes substances qui composent la cigarette, c'est-à-dire la nicotine, les goudrons, l'oxyde de carbone, les substances irritantes et les substances cancérigères. Bien sûr, personne n'oserait boire ce mélange noirâtre et visqueux. Mais vous le fumez!

I - La nicotine

S'il nous faut admettre que la nicotine peut effectivement avoir certains effets stimulants agréables, elle est néanmoins, la substance la plus problématique de la cigarette ses effets toxiques sont ravageurs. D'ailleurs, remarquez-le bien, sans la nicotine, la cigarette ne serait pas considérée comme une véritable toxicomanie, puisqu'elle ne créerait pas cette dépendance qui rend le sujet tributaire de doses de plus en plus fortes, ni cette accoutumance qui lui permet de supporter ces doses sans l'apparition de problèmes soudains.

La nicotine s'infiltre dans les vaisseaux sanguins rattachés au système pulmonaire ou par les muqueuses. Son action provoque des effets irréguliers, qui peuvent être stimulants lorsque la nicotine est absorbée à faibles doses, ou dépressifs lorsque, au contraire, elle est absorbée à fortes doses. Cependant, il faut observer qu'il n'y a pas que la quantité de cigarettes qui influence le taux de nicotine ; par exemple, la concentration de nicotine varie du simple au double entre la première et la dernière bouffée aspirée de la cigarette ; le rythme auquel vous fumez influence aussi cette concentration puisque, plus la température de combustion est élevée — plus le feu se rapproche du filtre —, plus la quantité de nicotine absorbée est forte. Elle peut être multipliée par cinq (autrement dit, plus vous *pompez*, plus vous augmentez la combustion). Chaque fumeur peut ainsi parvenir, inconsciemment, à ajuster sans cesse l'absorption de nicotine, soit par l'augmentation du nombre de cigarettes fumées, soit par un changement dans sa technique. Et on ne parle pas, ici, de la manipulation des cultures et du choix des feuilles que font les producteurs eux-mêmes, en mesure, ainsi, de produire un tabac plus chargé en nicotine, comme on l'a récemment vu à l'occasion de récentes enquêtes menées aux États-Unis auprès des producteurs qui ont eu peine à se défendre de ces accusations dont on entendra sûrement encore parler.

Quoi qu'il en soit, *vous*, fumeurs, vous faites les frais des effets dévastateurs de cette substance ; effets qui se traduisent de différentes façons, notamment par le durcissement des artères, ce qui provoque à plus ou moins long terme des problèmes cardiaques et une baisse de la circulation périphérique (c'est-à-dire le bout des doigts et des orteils qui deviennent froids); une hausse du rythme cardiaque (d'environ 30 % en plus); une augmentation des contractions musculaires intestinales (d'où l'effet laxatif de la première cigarette de la journée); une inhibition du fonctionnement de l'estomac (d'où le manque d'appétit); une augmentation du taux de cholestérol total et une baisse de ce qu'on appelle le *bon cholestérol*; un affaiblissement au niveau de la production d'œstrogènes et une accumulation de testostérone chez la femme ménopausée; une rétention d'eau; une réduction de la concentration de la vitamine C. D'autre part, et nous le reconnaissions au départ, certains effets de la nicotine peuvent provoquer des sensations agréables, et parmi celles-là : une meilleure mémorisation; une plus grande facilité de concentration, une augmentation du niveau d'éveil (lorsque la nicotine est absorbée à faibles doses) et un effet de détente dans les situations de stress (lorsque la nicotine est absorbée à fortes doses). Enfin, probablement l'effet le plus insidieux, l'apparition d'une sensation de plaisir, provoquée par l'augmentation des hormones sécrétées par le cerveau (les endorphines).

Ce qu'il faut constater, par cette brève nomenclature des principales actions de la nicotine, c'est qu'elle a d'abord un effet stimulant au niveau psychique, lequel n'est d'ailleurs pas sans s'apparenter à celui provoqué par la prise d'amphétamines. À plus fortes doses, d'autres effets se manifestent, à la fois décontractants et euphorisants. Tout cela procure au fumeur le sentiment d'être meilleur, plus *performant* — un sentiment illusoire, au demeurant, mais qui n'en contribue pas moins à l'installation de l'accoutumance.

Le besoin de la cigarette — pour sa concentration en nicotine — est toujours renouvelé puisque le taux de nicotine dans l'organisme diminue d'environ de moitié à toutes les deux heures. En une quinzaine d'heures, la presque totalité de nicotine est éliminée de l'organisme. C'est d'ailleurs ce qui explique l'urgence de la cigarette au réveil puisque si vous n'avez pas fumé depuis 23 heures, le lendemain matin, à 6 heures, il ne vous reste environ 5 % de nicotine dans le sang. Pour le fumeur, il est donc temps de *refaire le plein*...

II - L'oxyde de carbone (CO)

Lorsque vous fumez une cigarette, ce que vous faites, en réalité, c'est provoquer une combustion incomplète du tabac et, parce que cette combustion est justement incomplète, vous inhalez de l'oxyde de carbone. Celui-ci est une substance terriblement toxique, qui entre en quelque sorte en *compétition* avec l'oxygène pour se fixer à sa place sur l'hémoglobine des globules rouges, la rendant ainsi inefficace pour la respiration.

En raison de sa composition, l'oxyde de carbone s'infiltre aisément dans l'organisme par les vaisseaux sanguins du système pulmonaire; il suffit que vous ayez fumé un paquet de cigarettes pour qu'environ 10 % de votre sang soit pollué par l'oxyde de carbone, ce qui est considérable et augmente d'autant la déficience d'irrigation par le système sanguin et les risques de troubles sérieux chez les personnes souffrant notamment d'insuffisance circulatoire ou de problèmes coronariens. Cela favorise aussi l'apparition de crises d'angine de poitrine. Enfin, cela peut avoir des effets pernicieux sur le système nerveux qui fonctionne moins bien à mesure que l'oxygène se raréfie.

Quant aux effets sur les sportifs, gardez seulement à l'esprit qu'un entraînement régulier permet d'améliorer de 10 % au maximum la concentration d'oxygène; en raison de la réduction de 10 % provoquée par l'oxyde de carbone, ajoutée aux effets de la nicotine (qui augmente notamment le rythme cardiaque de 30 % au repos), voilà des effets ravageurs.

III - Les goudrons

On parle de *goudron*, au singulier, sur l'avertissement qui figure sur les paquets de cigarettes, alors qu'il serait plus juste de parler de goudrons, au pluriel. Ils ne sont pas présents dans le tabac, mais plutôt dans la fumée de la cigarette. Ceux-ci, et en particulier le plus connu d'entre eux, le 3-4 benzopyrène, retrouvé dans le condensat de fumée, sont probablement ceux qui provoquent le cancer des bronches ou des poumons. N'oubliez jamais que si vous fumez une quarantaine de cigarettes par jour votre organisme accumule, en un an, un litre de goudron.

Certaines expérimentations ont déjà été réalisées en laboratoire, notamment avec ce 3-4 benzopyrène et son application sur la peau des animaux a provoqué des cancers localisés et son injection, des cancers généralisés. Son rôle cancérogène a également été constaté chez l'homme.

En ce qui concerne les goudrons, leur taux varie selon différents facteurs, entre autres la qualité du tabac, la nature de son séchage, le rythme de la combustion de la cigarette (on l'a vu précédemment pour la nicotine, il en est de même pour les goudrons dont le taux varie de un à dix entre le début et la fin de la combustion d'une cigarette) et de la perméabilité du filtre. Vous devez donc garder à l'esprit que la moyenne dont il est fait mention dans l'avertissement imprimé sur les paquets de cigarette sont des moyennes *basses* puisque le rapport peut toujours être plus fort, selon la façon dont vous aspirez la fumée de la cigarette.

IV - Les substances cancérigènes

Outre le goudron, on retrouve d'autres substances cancérigènes dans la fumée de la cigarette, notamment les nitrosamines, le nickel, le polonium 210 et les radicaux libres, qui apparaissent au moment de la combustion. Ces substances peuvent être cancérigènes à différents titres ; certaines, comme le 3-4 benzopyrène, réussissent à dénaturer une cellule saine en cellule maligne, alors que d'autres, comme les phénols et l'acide laurique, permettent la multiplication d'une première cellule cancéreuse. Enfin, les dernières, appelées cocancérogène, comme le pyrène et les naphtalènes, travaillent de concert avec d'autres substances pour créer des cellules cancéreuses.

Cet aperçu toxicologique, tout sommaire qu'il soit, nous permet néanmoins de comprendre pourquoi, même si ce sont habituellement surtout des cancers bronchiques qu'on rattache au tabagisme, ceux-ci peuvent toucher d'autres organes qui ne sont pourtant pas en contact direct avec la fumée. Il ne faut pas oublier que ces substances s'infiltrent dans l'organisme par voie sanguine et peuvent se fixer ailleurs, dans certains organes, avant d'être éliminées par les urines (d'où le cancer de la vessie, d'ailleurs).

V - Les substances irritantes

Les substances irritantes comme l'acroléine, l'éthanol, le péroxyde d'azote et les phénols interfèrent au niveau des bronches où il se produit, plus ou moins rapidement, un ralentissement, sinon une suspension, de l'activité des cils vibratiles et des cellules qui tapissent la muqueuse et qui produisent le mucus, lequel contribue normalement à expulser toute particule étrangère inhalée. Ce processus en est un de défense, qui permet au système respiratoire de combattre les agressions de l'environnement. Des expériences ont toutefois démontré qu'il suffisait de fumer et de respirer la fumée d'une vingtaine de cigarettes par jour pour provoquer un malfonctionnement de ce processus et engendrer des lésions, des infections et des dépôts de substances toxiques.

Au-delà des effets sur la gorge même du fumeur, laquelle apparaît rouge, tuméfiée et tapissée de sécrétions, il y en a d'autres, tels que la dégradation des enzymes des cellules et la destruction des antioxydants, susceptibles de provoquer l'emphysème, la bronchite chronique, l'irritation des parties supérieures du tube digestif, la gastrite, la toux, de même qu'une dégradation du système respiratoire.

Les incidences sur votre santé

«Allons donc, docteur, juste quelques cigarettes par jour... Ça ne doit pas être si terrible» me rétorque-t-on souvent. Ma réponse est invariable : «La seule cigarette inoffensive est celle que vous ne fumez pas!»

Hé oui! tous ces produits toxiques que vous introduisez dans votre organisme à chaque fois que vous fumez et inhalez la fumée d'une cigarette ont une incidence sur votre santé. Le tabagisme constitue d'ailleurs la cause la plus importante de maladies évitables et de décès prématurés ; il est responsable de pas moins de 30 % de tous les décès à survenir chez les personnes âgées de 35 à 69 ans, ce qui signifie 2 500 000 décès dans le monde entier, et on est loin du compte puisqu'on prévoit qu'il y aura plus de huit millions de morts imputables au tabac dans le monde en 2025. Certes, le tabagisme régresse dans le monde occidental, mais il est en pleine expansion en Amérique du Sud, en Afrique, en Asie et dans les ex-pays de l'Est.

Et puis, il faut se méfier de cette régression du tabagisme. Est-elle vraiment ce que l'on en croit ? Une étude menée par le *Ottawa Civic Hospital Family Medicine Center* auprès de 3 000 fumeurs révèle que si 70 % de ces fumeurs souhaitaient effectivement cesser de fumer, que 60 % d'entre eux avaient même essayé au moins une fois d'arrêter de fumer, seulement 3% de ces fumeurs avaient réussi à cesser de fumer pour de bon. D'autre part, cette accalmie au niveau des statistiques risque fort d'être brève puisqu'on constate, au Québec, que la proportion des jeunes filles de 12 à 18 ans qui fument la cigarette est passée, entre 1991 et 1994, de 23 % à 39 %, et de 16 % à 24 % chez les garçons du même âge. Quels lendemains nous réservons-nous?

Mais tout cela, me direz-vous, reste bien théorique et «me concerne très peu...» Vous avez à la fois raison et à la fois tort; raison, parce qu'il est effectivement difficile de se faire une idée précise de toute cette réalité; tort, parce que, en tant que fumeur, vous êtes de ceux sur lesquels le tabagisme a une incidence directe et qu'au moment où vous réaliserez ses effets pervers, il sera peut-être trop tard pour réagir. Retenez seulement — et ça, ça *vous* concerne personnellement — que 46 % de ceux qui fument un paquet de cigarettes ou plus par jour n'atteindront pas l'âge de 70 ans.

Quant aux effets nocifs du tabagisme que vous risquez de connaître à plus ou moins brève échéance — à moins que vous n'en soyez déjà victime —, ils sont nombreux. Parmi les maladies les plus susceptibles de vous toucher, *vous*, il y a les accidents vasculaires cérébraux qui peuvent notamment mener à l'aphasie et à l'hémiplégie; les cancers de la langue, de la bouche (de 3 à 10 fois plus fréquents chez les fumeurs que chez les non-fumeurs), des lèvres, du pharynx; les infections de la bouche à répétition; l'enrouement par l'irritation des cordes vocales; la gingivite; la diminution et la perte du goût et de l'odorat. Il y a aussi la cancer bronchique (90 % des cas sont dus au tabac), le cancer du poumon (10 fois plus fréquents chez les fumeurs), le cancer de l'œsophage (de 2 à 9 fois plus grand chez les fumeurs), le cancer de la vessie (diagnostiqué de 7 à 10 fois plus souvent chez les fumeurs); l'emphysème;

l'infarctus, l'hyptertension ; l'artériosclérose ; l'anévrisme. Il y a aussi l'impuisance qui vous guette, sans oublier la bronchite chronique, la surdité, l'asthme et la perte d'appétit. Pour la fumeuse, d'autres risques sont également à craindre : baisse de la fertilité, infection sur stérilet, grossesses extra-utérines, hypertension artérielle pendant la grossesse, naissance de bébés de faibles poids, augmentation de la mortalité périnatale du bébé et risque d'accident cardiovasculaire si vous prenez également la pilule anticonceptionnelle.

Bien sûr, vous pouvez être de ceux qui jugent les risques *acceptables*, au même titre que circuler en voiture ou traverser une rue à pied, mais le plus souvent les fumeurs — et *vous* ne faites probablement pas exception — jugent que les risques véritables sont inférieurs à ce que les spécialistes de la santé leur disent. Et même si *vous* avez réellement conscience de ces risques, et ne les sous-estimez pas, vous vous dites probablement que ça ne vous arrivera probablement jamais à *vous*. Mon père s'était dit cela tout au long de sa vie. Enfin, presque tout au long de sa vie puisque tout juste avant de mourir, il m'a confié : « Avoir su que la cigarette avait ces conséquences-là, je n'aurais jamais fumé... » Dans son cas, il était trop tard. À sa décharge, il faut dire que lorsqu'il avait commencé à fumer au début du siècle les médecins faisaient peu de cas de la cigarette. Vous ne pouvez en dire autant aujourd'hui...

On ne peut plus dire : c'est toujours aux autres que ces choses-là arrivent...

En toute honnêteté, vous ne pouvez pas en être réellement convaincu.

Pourquoi fumez-vous?

> «*Il serait difficile de convaincre un homme d'affaires,
> tétant sa pipe éteinte,
> ou tirant sur son cigare,
> qu'il est en réalité en train
> de chercher un petit réconfort
> personnel dans une version
> sophistiquée de la sucette de bébé.*»

Desmond Morris, La clé des gestes (1982), Grasset.

U ne fois que vous avez pris conscience de ce que *vous* fumez, des substances toxiques que *vous* inhalez — et cela, tous les fumeurs, même celui qui en sait le moins, en savent suffisamment pour comprendre la toxicité et le danger —, il y a lieu que vous vous posiez une question : «Pourquoi est-ce que je fume?» Cette question n'est pas sans intérêt. D'autant plus que, pour tous ceux qui en ont fait l'expérience, les premiers effets, au moment des premières bouffées, ont été désagréables, quasi rebutants : toux, étourdissements, sueurs froides, nausées, et parfois même vomissements. Mais si vous avez persisté dans votre *initiation*, ce n'est pas sans motivation ou sans pression qui n'ont, ici, aucun rapport avec le plaisir. N'était-ce pas ça, aussi, pour *vous*? Alors pourquoi avoir non seulement continué, mais augmenté les doses?

Tout ce processus est inconscient et, habituellement, il se met en branle assez tôt, au moment de l'adolescence. On remarquera d'ailleurs qu'il y a peu de risque que celui qui n'a jamais fumé à vingt-cinq ans le fasse plus tard. Donc, tout se joue à l'adolescence, dès l'âge de douze ou treize ans — rappelons une statistique du chapitre précédent : au Québec, la proportion des jeunes filles de 12 à 18 ans qui fument la cigarette est passée de 23 % à 39 % entre 1991 et 1994, et de 16 % à 24 % chez les garçons du même âge —, alors que l'identification au groupe est un phénomène important. D'autres statistiques révèlent d'ailleurs que, chez les jeunes de cette catégorie d'âge, c'est un copain ou une copine qui a offert la première cigarette. La tolérance face au tabagisme — les jeunes ne se cachent plus comme autrefois pour fumer —, l'absence d'interdictions et de contraintes, le désir de faire comme les adultes, la rébellion contre l'autorité et l'augmentation de l'argent de poche chez les jeunes ont fait le reste. Et je n'évoque pas, ici, les références à des valeurs, à des styles de vie ou à des environnements sociaux véhiculés de façon habile, soulignons-le, par les publicités plus ou moins déguisées des manufacturiers de cigarettes. Pourtant, plus de 70 % des adolescents qui fument envisagent déjà d'arrêter de fumer. Combien y parviendront vraiment?

Consommateurs, à vos marques...

Cela ne répond cependant toujours pas à notre question de départ : «Pourquoi est-ce que je fume?» Pourquoi, en d'autres mots, tous ces facteurs rattachés à l'adolescence disparus, vous avez transformé l'expérience en habitude? Vous ne l'avez pas fait sans raison. Les psychologues et les médecins parlent de «gratifications psycho-sociologiques», c'est-à-dire ce que la cigarette apporte au fumeur, quoiqu'il serait plus exact de dire ce que le fumeur croit que la cigarette lui apporte...

Le tabagisme n'est pas seulement une toxicomanie acceptée par la société, elle est aussi, et surtout, une toxicomanie adaptée à notre société de consommation — *c'est un produit de consommation* qui présente toutes les caractéristiques de l'objet de grande diffusion qui met toutes les chances de succès, au niveau du marketing et des ventes, de son côté : présentation, aspect pratique, omniprésence et accessibilité, prix modique et, enfin, référence à un environnement social valorisateur.

Toutes les marques de cigarettes sont présentées dans des paquets facilement identifiables et dont les moindres détails ont été pensés non seulement par des spécialistes en marketing, mais également par des psychologues débauchés par les producteurs de cigarettes. Les paquets sont nets, enveloppés de cellophane, le papier des cigarettes est d'un blanc immaculé et on voit peu de tabac. Le produit est en quelque sorte *dédramatisé* afin que rien justement ne puisse venir distraire ou questionner votre attention.

Le produit en tant que tel, le paquet de cigarettes, n'aurait pu être mieux conçu et mieux adapté à notre style de vie moderne. Même si sa conception remonte à plusieurs décennies, peu de changements significatifs sont survenus, ce qui prouve bien que, au départ, le concept était judicieux et... pratique. Le paquet se glisse facilement dans n'importe quelle poche (celles-ci sont-elles faites pour les paquets de cigarettes, ou les paquets de cigarettes ont-ils été pensés en fonction de ces poches, c'est un peu la question de savoir si c'est la poule ou l'œuf qui vient en premier!) ou n'importe quel sac à main et, une fois celui-ci ouvert, la cigarette peut se dégager facilement et se fumer à n'importe quel moment ou lors de n'importe quelle occupation — quoique certaines restrictions soient maintenant imposées sur certains lieux de travail et dans certains lieux publics. Il n'en demeure pas moins qu'il y a lieu de s'interroger si cela s'inscrit dans un mouvement de fond ou si cela ne relève pas simplement du *politically correct*, si c'était le cas, nous ne sommes pas à l'abri d'un retour de manivelle!

Quant à son omniprésence et son accessibilité, personne ne les mettra en doute : des milliers et des milliers de commerces l'offrent bien en évidence avec, en prime, des placards publicitaires sur leurs devantures. La gamme des cigarettes offertes dans le plus petit dépanneur de la province n'a d'égale que l'éclat des couleurs des paquets. Sans compter les *promotions* et les nouveaux produits placés à portée de la main sur les comptoirs, tout juste à côté de la caisse. Même les pharmacies, dont la raison d'être de leur existence est pourtant le soulagement des maux et des problèmes de santé, vous l'offrent sur des étagères bien rangées. On ne pourrait rêver d'une meilleure mise en marché ; chacun, partout — et la situation est la même partout dans le monde —, n'a qu'à faire quelques pas pour pouvoir s'en procurer.

Le prix, comme pour n'importe quel objet de consommation, a une importance qui n'est pas à écarter. Le prix du paquet à l'unité n'est pas, pour l'instant, un élément rébarbatif ; lorsqu'il l'était, il y a plusieurs mois, à quelque cinq dollars le paquet, malgré la contrebande qui prévalait, de nombreux fumeurs avaient tout de même délaissé leur habitude. Ils y sont revenus lorsque les prix ont été rabaissés, et de nombreux jeunes de quinze à vingt-quatre ans (3,6 % selon le Directeur de la santé publique de la Régie Montréal-Centre) ont commencé à fumer pour la première fois entre mai et août 1994, à la suite de cette baisse des taxes. Mais, même au prix actuel, alors que l'aspect pratique et un coût moindre commanderaient d'acheter une ou plusieurs cartouches à la fois, pour la très grande majorité, les fumeurs continuent d'acheter paquet après paquet, comme si *vous* tentiez de vous cacher que le débours, à la fin de l'année, constitue une dépense relativement importante.

Enfin, chaque marque de cigarettes a ses références qui lui sont propres, une identification à des valeurs ou à des événements qui frappent l'imaginaire du fumeur — *votre* imaginaire. En ce sens, la plupart du temps de façon inconsciente, chaque fois que *vous* allumez une cigarette et que *vous* la portez à vos lèvres, c'est votre esprit qui part vers un autre monde.

Bref, les *dealers* de cette toxicomanie ont l'avantage des moyens et du terrain. Personne ne peut nier cette évidence.

Vos motivations positives

Ces dernières lignes ont-elles répondu à notre question, que je vous rappelle : «Pourquoi est-ce que je fume?» Entre nous, non. Tout au plus, elles nous ont fait prendre conscience des raisons pour lesquelles vous pouviez subir un certain attrait vis-à-vis de la cigarette, mais ces lignes ne vous disent pas réellement quelles sont les «gratifications psycho-sociologiques» que vous pouvez ressentir. Tout au plus, elles vous ont permis de comprendre pourquoi (quoique la raison en soit d'abord et avant tout une de rentabilité) les manufacturiers agissaient comme ils le font.

Mais pourquoi, *vous*, fumez-vous? Le savez-vous? Des dizaines et des dizaines d'études et de recherches ont été menées sur le sujet. Les conclusions se rejoignent invariablement autour de quelques motivations positives pour le fumeur.

Parmi celles-là, outre les raisons pratico-pratiques, comme le prix unitaire minime et l'absence de conséquences immédiates, il y en a d'autres — comment dire — plus... déconcertantes.

Par exemple, l'une des premières motivations mises en évidence est le plaisir oral évolué qui fait référence au fantasme de succion, évoqué dans les livres de psychanalyse, et que l'on relie au processus d'évolution de l'enfant. Ce n'est un secret pour personne : le nourrisson accède au monde adulte par sa bouche qui apaise sa faim et atténue son angoisse. Il commence par téter le sein de sa mère (ou le biberon), plus tard il suce son pouce et, une fois adulte, il fumerait pour occuper sa bouche toutes les fois où il ressent le besoin de chasser les angoisses ou même, plus simplement, pour se donner une certaine satisfaction. En ce sens, la cigarette que l'on porte à ses lèvres rappelle d'agréables souvenirs, même si cela est inconcient. Cela rejoint par ailleurs une autre des motivations qui reviennent fréquemment, celle d'auto-érotisme, de rêverie, d'évasion. Allumer et fumer une cigarette c'est, à la limite, se permettre de ne plus penser à rien.

Une autre motivation positive pour le fumeur veut qu'elle lui procure un sentiment de détachement momentané de la situation, une position *d'attente* dans un moment d'inquiétude, une manière d'évacuer un besoin d'action ; c'est aussi, dans le même sens, un antistress puisque la cigarette contribue à soulager une tension que l'on canalise en dominant un objet. Ne faut-il pas nécessairement retarder, suspendre un moment son activité pour consacrer quelques secondes à sortir son paquet de cigarettes, à en extraire une, la porter à sa bouche, allumer le briquet ou l'allumette, approcher son visage de la flamme vacillante et aspirer la première bouffée? Tout juste le temps de soulager une tension... Une autre motivation positive, toujours pour le fumeur, et qui peut s'inscrire dans cette même tangente est celle de l'exutoire à son agressivité : il allume une cigarette et la brûle, avant de l'écraser.

Paradoxalement, la cigarette peut à la fois cons-tituer un substitut d'absence — elle atténue le sentiment de solitude que vous pouvez ressentir — créer une atmosphère de chaleur attirante, un *espace* de fumée qui enveloppe et resserre les liens entre les fumeurs. En ce sens, elle s'intègre dans un code social où l'échange de tabac détend les rapports. Elle attire les regards mais, surtout, elle constitue un signe de reconnaissance ou de convivialité.

Voilà donc autant de motivations conscientes ou inconscientes qui convainquent les fumeurs de s'adonner à leur habitude pendant tant d'années, parfois même jusqu'à la mort — précoce.

Cependant, au-delà de ces motivations positives, ou *en parrallèle à ces motivations positives*, s'installe aussi, entre le moment de la première bouffée de la première cigarette et l'inclination à en vouloir toujours plus et ne jamais être en manque, ce qu'on appelle l'assuétude.

Fumer une cigarette emprunte, avec le temps, sans égard à la nicotine qui entraîne l'accoutumance, à une logique qui constitue et un développement et un aboutis-sement au plaisir. Et cela s'applique autant en pratique solitaire qu'en habitude partagée avec une ou plusieurs personnes. C'est également, dans une situation comme dans l'autre, un rituel qui réfère à (au moins) quatre sens : le toucher (de la cigarette qu'on palpe) ; l'odorat (du tabac qui brûle, de la fumée) ; la vue (de la flamme du briquet ou de l'allumette, des volutes de fumée); et le goût (des différentes marques de cigarettes). Avec le temps, toutefois, tout l'aspect rituel tend à s'estomper pour faire place à un geste inconscient, un automatisme, voire un tic.

Ces motivations positives et cette dépendance comportementale sont certes beaucoup plus complexes, mais ces quelques éléments nous permettent néanmoins d'en saisir l'essentiel, de comprendre sans doute un peu mieux ce qui nous incite à continuer de fumer et de répondre ainsi à la question que nous nous posions au tout début de ce chapitre.

Comprendre votre comportement

*« Cesser de fumer est la chose
la plus aisée qui soit.
Je sais ce que c'est :
je l'ai fait cinquante fois. »*
Mark Twain.

Qui et comment êtes-vous comme fumeur? Le savez-vous? Probablement pas. Mais si vous avez commencé la lecture de ce livre, si l'idée de cesser de fumer vous a frôlé l'esprit, même si vous n'êtes pas encore réellement déterminé à le faire, répondre à ce test — le test de Horn qui analyse les habitudes reliées au tabac et dont la Société canadienne du cancer se sert comme *référence* — ne peut pas ne pas vous aider. Et tant qu'à y répondre, répondez-y honnêtement — ne *vous* dissimulez pas vos véritables motivations. Prenez tout le temps dont vous avez besoin et encerclez le chiffre qui correspond à votre réponse.

Pourquoi fumez-vous?

toujours	souvent	parfois	rarement	jamais
5	4	3	2	1

A. Je fume pour me stimuler.

5	4	3	2	1

**B. Je prends plaisir à allumer
et à tenir en main une cigarette.**

5	4	3	2	1

C. Fumer, c'est agréable, ça me détend et ça me relaxe.

5	4	3	2	1

**D. J'allume une cigarette chaque
fois que je suis tracassé, que j'ai des ennuis.**

5	4	3	2	1

**E. Quand je n'ai plus de cigarettes,
il faut que je coure en acheter.**

5	4	3	2	1

F. Je fume automatiquement, sans même y penser.

5	4	3	2	1

G. Je fume pour me donner du courage.

5	4	3	2	1

**H. Le plaisir de fumer commence avec le geste que
je fais pour allumer ma cigarette.**

5	4	3	2	1

**I. Je trouve des quantités de plaisirs
dans l'acte de fumer.**

5	4	3	2	1

**J. Je fume chaque fois que
je suis mal installé ou mal dans ma peau.**

5	4	3	2	1

K. Je ne suis pas dans le coup, quand je ne fume pas.

5	4	3	2	1

**L. J'allume une cigarette sans me rendre compte que j'en ai une
qui brûle encore dans le cendrier.**

5	4	3	2	1

M. Je fume pour en imposer aux autres.

5	4	3	2	1

**N. Quand je fume, mon grand plaisir
est de regarder la fumée et ses volutes.**

5	4	3	2	1

O. Je fume même si je suis détendu et bien installé.

5	4	3	2	1

P. Je fume quand j'ai les «bleus» pour oublier.

5	4	3	2	1

Q. J'ai toujours besoin de manipuler quelque chose.

5	4	3	2	1

**R. Il m'est arrivé de me retrouver une cigarette à la bouche,
alors que je ne me souvenais pas de l'avoir allumée.**

5	4	3	2	1

Comment calculer

- Reportez d'abord les chiffres que vous avez encerclés dans les espaces correspondants dans le tableau qui apparaît ci-dessous.
- Faites le total de chacune des lignes. Ainsi, le total de vos points aux questions A, G et M vous donne votre pointage en ce qui concerne la *stimulation*.

Votre pointage

____ +	____ +	____	=	_____
A	G	M		***stimulation***
____ +	____ +	____	=	_____
B	H	N		***plaisir du geste***
____ +	____ +	____	=	_____
C	I	O		***relaxation***
____ +	____ +	____	=	_____
D	J	P		***anxiété/soutien***
____ +	____ +	____	=	_____
E	K	Q		***dépendance psychologique***
____ +	____ +	____	=	_____
F	L	R		***habitude acquise***

Interprétation

Ce test a été conçu pour cerner chacun des facteurs les plus fréquemment évoqués en relation avec le besoin ou le désir de fumer; bien sûr, votre accoutumance à la cigarette peut relever de plusieurs facteurs.

Ces six facteurs que l'on retrouve dans ce test décrivent chacun une façon différente de composer avec les sensations et les sentiments reliés au tabagisme ; un pointage de 11 ou plus révèle que le facteur en question est une source importante de satisfaction pour vous. Un très fort pointage (le maximum est de 15) indique probablement une des plus importantes motivations qui vous incitent à fumer.

À partir de votre pointage, jetez un coup d'œil sur ces facteurs pour voir si vous vous y reconnaissez vraiment.

Cela nous amène donc à prendre conscience de certaines réalités quotidiennes. Reprenons donc la description de ces motivations, utilisées précédemment en explication d'un test, pour voir comment vous pouvez y remédier autrement.

Stimulation

Vous êtes l'un de ces fumeurs qui sont stimulés par le fait de fumer ; vous croyez que cela vous aide à vous tenir en alerte, à canaliser vos énergies et à garder votre élan.

Plaisir du geste

Votre pointage révèle que vous ressentez beaucoup de satisfaction à toucher et à palper votre cigarette.

Relaxation

Vous considérez que la cigarette est une sorte de récompense, quand vous avez un moment pour vous détendre. Plus encore : vous avez le sentiment que la cigarette vous permet de vous détendre.

Anxiété/soutien

Si votre pointage est élevé sur ce point précis, vous êtes probablement de ceux qui ont recours à la cigarette lorsqu'ils se sentent tendus ou irrités. Vous fumez dans le but évident d'atténuer votre tension nerveuse excessive, qui caractérise d'ailleurs fort bien nos temps modernes, ainsi que la multiplication des conflits et le surmenage qui en découlent.

Dépendance psychologique

Vous fumez parce que vous êtes vraiment *drogué*. L'envie de fumer vous prend dès que vous éteignez une cigarette. Vous êtes constamment conscient du fait que vous n'êtes pas en train de fumer et l'idée de manquer de cigarettes pendant un certain temps vous inquiète.

Habitude

Vous n'éprouvez plus beaucoup de plaisir à fumer. Vous le faites machinalement, sans vraiment le vouloir et surtout sans y prendre un véritable plaisir. Vous avez souvent deux cigarettes ou plus qui brûlent dans votre cendrier. C'est un réflexe acquis.

Quelle est votre dépendance à la nicotine?

À chaque fois que le taux de nicotine dans notre organisme chute — cela se fait à un rythme rapide, comme nous l'avons vu au chapitre deux —, le besoin de fumer réapparaît. Un besoin irrésistible que tous les fumeurs connaissent. Un besoin qui poussera le fumeur, en manque de cigarettes, à quitter la chaleur douillette de la maison un soir de tempête pour se rendre au dépanneur le plus près ou, au mieux, à faire la tournée des cendriers à la recherche de quelques mégots pas trop courts, encore fumables.

Il existe (encore) un certain débat à savoir si la nicotine est le seul facteur pharmacologique qui explique la dépendance physique liée au tabac; certains arguments militent en faveur de ce point de vue, alors que d'autres mettent plutôt en évidence une synergie d'actions entre la nicotine et d'autres composantes du tabac. Indépendamment de cette polémique, tous s'entendent néanmoins sur le fait que cette assuétude dépend essentiellement — quel que soit son processus d'action — de la nicotine.

Si fumer c'est aussi la recherche active du plaisir liée à une stimulation psychique produite par l'apparition d'une pointe foudroyante du taux de nicotine dans le sang, il ne faut jamais oublier que le fumeur cherche d'abord et avant tout à combler le besoin en nicotine de son organisme pour s'éviter les signes désagréables du sevrage. Si l'on veut être en mesure d'intervenir efficacement, cette assuétude doit être quantifiée de façon précise. Ce n'est pas tellement le nombre de cigarettes fumées par jour qui nous renseignera ; les médecins et les thérapeutes préféreront habituellement recourir au test de Fagerstrom qui évalue votre véritable degré de dépendance physique à la nicotine.

Répondez donc aux huit questions de ce test pour savoir où vous en êtes, *vous*.

Test de Fagerstrom

1. Combien de cigarettes fumez-vous par jour?

Moins de 15 0

De 15 à 25 1

Plus de 25 2

2. Quel est le taux de nicotine de vos cigarettes?

Moins de 0,8 mg 0

De 0,8 à 1,5 mg 1

Plus de 1,5 mg 2

3. Avalez-vous la fumée?

Jamais 0
Parfois 1
Toujours 2

4. Vos cigarettes sont-elles plus rapprochées le matin que l'après-midi?

Oui 1
Non 0

5. À quel moment fumez-vous votre première cigarette?

Dans le demi-heure qui suit le lever 1
Plus tard 0

6. Quelle cigarette trouvez-vous la plus indispensable?

La première 1
Une autre 0

7. Fumez-vous même si une maladie (grippe, mal de gorge) vous oblige à rester au lit?

Oui 1
Non 0

8. Trouvez-vous difficile de ne pas fumer dans les endroits interdits (cinéma, métro, salle d'attente)?

Oui 1
Non 0

 *Interprétation*

• La somme des points obtenus indique le degré de dépendance du fumeur à la nicotine :

0 à 5 points :   Non ou peu dépendant
6 points :   Dépendant
7 à 9 points :   Fortement dépendant
10 points et plus :   Très fortement dépendant.

(Certains sujets ont un résultat faible de 2 ou 3 points ; leur dépendance est donc minime ou nulle, par contre un résultat supérieur à 6 révèle clairement une dépendance à la nicotine — l'utilisation de timbres à la nicotine au moment où vous cessez de fumer peut faciliter le sevrage.)

* * *

Vous en savez maintenant un peu plus sur vous, en tant que fumeur. Vous savez quel genre de fumeur vous êtes et quelle est votre dépendance à la nicotine. Mais ce n'est pas tout de savoir les raisons pour lesquelles on fume, de connaître sa dépendance (après tout, *vous vous* en doutiez un peu, non ?), de connaître les méfaits de la cigarette et d'en ressentir les effets désagréables. Tout ça ne suffit pas — et ne suffira pas — à vous convaincre de cesser de fumer. Vous ne réussirez que si vos motivations sont suffisamment fortes.

Ces motivations, qui peuvent être d'ordre très différent, comme elles peuvent en quelque sorte être *complémentaires*, pourraient toutefois ressembler à celles des autres fumeurs qui ont tenté — et souvent réussi — à cesser de fumer. L'important c'est que ces motivations résultent d'une prise de conscience personnelle ; si vous ne le faisiez que pour répondre aux pressions de votre entourage, l'arrêt pourrait n'être que très provisoire.

Je disais que vos motivations pourraient ressembler à celles des autres fumeurs parce que j'ai effectivement eu l'occasion de constater, lors de consultations avec des fumeurs qui manifestaient leur désir de cesser de fumer, que ce sont sensiblement les mêmes stimulis qui reviennent chez la majorité d'entre vous. Pour vous montrer que les motivations jouent un rôle essentiel dans le succès, voici d'ailleurs un petit tableau de celles qui sont le plus couramment invoquées et le pourcentage de succès, trois mois après que le sujet eut effectivement cessé de fumer.

Motivations invoquées	Pourcentage	Succès après 3 mois
Inquiétude pour la santé	64 %	19 %
Ne veut pas donner l'exemple aux enfants	24 %	33 %
A des enfants en bas âge	12 %	29 %
Désir d'une meilleure forme	62 %	28 %
Crainte de ce qu'on dit du tabac	15 %	8 %
Considère que c'est un esclavage	42 %	22 %
Habitude coûteuse	15 %	16 %

À la lecture de ces chiffres, chacun remarquera que, dans la majorité des cas, même si elle n'est pas toujours reliée directement au fait, la motivation la plus évidente est une préoccupation vis-à-vis de la santé, la sienne et celle des autres — et particulièrement des enfants. On ne veut pas leur transmettre ce mauvais exemple.

Auto-évaluation des chances de réussite

Avant de cesser de fumer, il convient donc de mettre toutes les chances de son côté. Le test qui suit en est un d'auto-évaluation des chances de réussite (autrement dit votre degré de motivation). Pour y répondre, il vous suffit d'encercler les chiffres de la colonne de droite uniquement lorsque l'affirmation correspond à votre situation.

1. Je décide de cesser de fumer par décision personnelle.   2

2. J'ai déjà cessé de fumer pendant plus d'une semaine.   1

3. Actuellement, mon activité professionnelle
   est sans problèmes?   1

4. Actuellement, tout va bien sur le plan familial.   1

5. Je veux me libérer de cet esclavage.   2

6. Je fais du sport, ou j'ai l'intention d'en faire   1

7. Je veux être en meilleure forme physique.   1

8. Je veux préserver mon aspect physique.   1

9. Je suis enceinte (ma conjointe est enceinte).   1

10. J'ai des enfants en bas âge.   2

11. J'ai bon moral actuellement.   2

12. J'ai l'habitude de réussir ce que j'entreprends.   1

13. Je suis plutôt d'un tempérament calme, détendu.   1

14. Mon poids est habituellement stable.   1

15. Je veux accéder à une meilleure qualité de vie.   2

Interprétation

- Faites le total de vos points ; si le résultat est :

Égal ou supérieur à 16, vous avez de très grandes chances de réussite.

De 12 à 15, vous avez de grandes chances.

De 7 à 11, vos chances sont réelles, mais il y a des difficultés à prévoir. Les techniques d'accompagnement sont indispensables.

Moins de 6 points, reposez-vous la question : est-ce bien le moment pour cesser de fumer ?

* * *

Si le résultat vous est favorable, tant mieux. S'il ne l'est pas, il ne faut pas désespérer. Pour réussir à cesser de fumer vous ne devez finalement qu'essayer de renforcer vos motivations ; vous pouvez le faire en dressant une liste de celles-ci et la garder bien à la vue sur votre bureau, ou la coller quelque part dans la maison où vous l'aurez constamment sous les yeux (sur la porte du réfrigérateur, par exemple). Vous pouvez y inscrire les motivations énumérées ci-dessus, mais aussi y ajouter celles de votre cru. Réfléchissez-y tranquillement : vous verrez que vous en trouverez beaucoup plus que vous n'auriez pu l'imaginer.

Lorsque les chances de réussite vous sont résolument favorables, alors c'est le moment de passer à l'action !

Observer, analyser, comprendre...

Il y a dans le tabac, dans la fumée qu'on absorbe et qu'on renvoie dans le nez des autres, une volonté inconsciente de les entraîner dans quelques chose qui est un remplissage du vide et, en même temps, une satisfaction prodigieuse de la pulsion d'autodestruction.
Didier Anzieu, *conférence non publiée.*

La première démarche importante pour cesser de fumer — et vous l'avez déjà entreprise, sans peut-être le réaliser — c'est la prise de conscience. À ce moment-ci, vous avez commencé à comprendre certaines des motivations qui vous animent lorsque vous fumez et peut-être même, aussi, réalisé que *vous* êtes réellement dépendant de la cigarette. Il vous faut maintenant passer à l'étape suivante : observer et analyser chaque cigarette que vous fumez et, du coup, apprendre à mieux comprendre dans quelles situations ou quelles circonstances le besoin de fumer se manifeste de façon si irrésistible que... vous deviez absolument allumer une cigarette.

Cette façon de faire, qui vous permettra de mieux vous comprendre encore comme fumeur, n'est pas nouvelle. Si elle a été proposée pour la première fois, tout au moins *officiellement*, à l'occasion du Forum national américain de 1968, elle s'est imposée, depuis, comme l'un des outils les plus efficaces pour quiconque souhaite cesser de fumer.

Votre journal de bord

Une ou deux semaines avant d'arrêter de fumer, commencez par coller une feuille blanche sur votre paquet de cigarettes sur laquelle vous noterez, tout en continuant de fumer comme vous l'avez toujours fait, l'heure, l'occupation à laquelle vous vous livrez et le sentiment (référez-vous aux motivations du test de Horn, au chapitre 3) qui décrivent le moment précis où vous avez allumé chacune de vos cigarettes. Le but de cet exercice, fort simple par ailleurs, est de vous faire prendre pleinement conscience des motifs qui vous animent à chaque fois. À mesure que vous poursuivrez l'exercice, vous réaliserez que si certaines cigarettes sont *importantes*, vous en allumez de nombreuses de façon automatique, sans que vous ne ressentiez vraiment pour autant le goût de fumer.

Revenons plus directement à notre exercice ; si vous fumez vingt cigarettes par jour, la liste d'une journée pourrait ressembler à celle-ci :

Cigarette	Heure	Occasion	Motif
1	6 h 30	réveil	besoin
2	7 h	café	plaisir du geste
3	8 h	en voiture,dans la circulation	anxiété/soutien
4	8 h 30	bureau	plaisir du geste
5	10 h	pause-café	habitude
6	10 h 30	étude de dossier	stimulation
7	11 h	appel téléphonique	dépendance psychologique

8	12 h	dîner	relaxation
9	13 h	discussion avec des collègues	stimulation
10	13 h 45	travail	habitude
11	14 h 30	pause-café	dépendance psychologique
12	15 h 15	appel téléphonique	stimulation
13	17 h	en voiture, dans la circulation	habitude
14	17 h 15	en voiture, dans la circulation	anxiété/soutien
15	17 h 45	avant souper	relaxation
16	18 h 30	après souper	plaisir du geste
17	19 h 15	en écoutant la télé	plaisir du geste
18	21 h	en écoutant la télé	besoin
19	21 h 30	fin de la télé	dépendance psychologique
20	22 h 15	lecture au lit	plaisir du geste

Dans cette journée, on a ainsi
- trois cigarettes de stimulation ;
- cinq cigarettes pour le plaisir du geste ;
- deux cigarettes de relaxation ;
- deux cigarettes d'anxiété/soutien ;
- trois cigarettes de dépendance psychologique ;
- trois cigarettes par habitude
- deux cigarettes par besoin

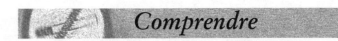

Comprendre

Cela nous amène donc à prendre conscience de certaines réalités quotidiennes. Reprenons donc la description de ces motivations, utilisées précédemment en explication d'un test, mais en y ajoutant, cette fois, quelques détails pour corriger ces comportements.

Stimulation

Vous êtes l'un de ces fumeurs qui sont stimulés par le fait de fumer ; vous croyez que cela vous aide à vous tenir en alerte, à canaliser vos énergies et à garder votre élan.

Pour arrêter, essayez de trouver un nouveau stimulant moins nocif, en praticulier n'importe quelle activité physique ou un passe-temps qui vous passionne.

Plaisir du geste

Votre pointage révèle que vous ressentez beaucoup de satisfaction à toucher et à palper votre cigarette. Trouvez des objets agréables à manier tout autant que la cigarette et vous pourrez déceler, dans le bricolage par exemple, quantité de dérivatifs.

Relaxation

Vous considérez que la cigarette est une sorte de récompense, quand vous avez un moment pour vous détendre. Plus encore : vous avez le sentiment que la cigarette vous permet de vous détendre.

Gardez à l'esprit que c'est une fausse détente, une fausse relaxation et une fausse impression de quiétude. Vous verrez, en effet, en vous désintoxiquant, que votre tranquillité, après quelques semaines d'angoisse, est beaucoup plus grande qu'avant.

Anxiété/soutien

Si votre pointage est élevé sur ce point précis, vous êtes probablement de ceux qui ont recours à la cigarette lorsqu'ils se sentent tendus ou irrités. Vous fumez dans le but évident d'atténuer votre tension nerveuse excessive, qui caractérise d'ailleurs fort bien nos temps modernes, ainsi que la multiplication des conflits et le surmenage qui en découlent. Vous avez aussi constaté, tout probablement, que la cigarette n'avait pas tellement d'effets sur ces événements.

Le médecin peut vous aider en vous prodiguant des conseils pour résoudre vos problèmes, ou en vous prescrivant certains médicaments pour faciliter le sevrage.

Dépendance psychologique

Vous fumez parce que vous êtes vraiment *drogué*. L'envie de fumer vous prend dès que vous éteignez une cigarette. Vous êtes constamment conscient du fait que vous n'êtes pas en train de fumer et l'idée de manquer de cigarettes pendant un certain temps vous inquiète.

La meilleure façon de cesser de fumer, pour vous, est de fumer plus que votre *ration* pendant un jour ou deux, de façon à ne plus avoir le goût de la cigarette. Profitez de ce moment précis pour cesser de fumer, quitte à vous isoler pendant quelques jours, sans cigarettes à portée de la main. Vous aurez probablement plus de résistance à la tentation de recommencer à fumer qu'arrêter aura été difficile.

Habitude

Vous n'éprouvez plus beaucoup de plaisir à fumer. Vous le faites machinalement, sans vraiment le vouloir et surtout sans y prendre un véritable plaisir. Vous avez souvent deux cigarettes ou plus qui brûlent dans votre cendrier. C'est un réflexe acquis.

* * *

Vous constaterez, tout en menant cet exercice, que celui-ci aura suffi, en vous faisant prendre conscience de chaque cigarette que vous allumiez, à vous faire réduire la quantité de cigarettes que vous fumez parce que, justement, vous vous demanderez à chaque fois, consciemment : « Est-ce que j'ai le goût de cette cigarette? » Vous serez surpris du nombre de fois où vous n'en avez pas vraiment le goût ni, surtout, besoin. Conservez donc les feuilles de ce *Journal de bord* et vous pourrez ainsi constater cette diminution qui se sera produite au fil de ces quelques jours.

Le journal des émotions

On l'a vu, également, le facteur émotif joue un rôle important lorsqu'on décide de cesser de fumer ; nous avons a déjà prouvé, dans le passé, que nos émotions étaient responsables d'environ 80 % des problèmes de comportements reliés à la dépendance à diverses substances (tabac, alcool, drogue), et responsables également des écarts sur le plan de l'alimentation.

Vous devez donc acquérir le contrôle de vos émotions. C'est de cette seule façon que vous pourrez réellement d'abord parvenir à cesser de fumer, puis demeurer un non-fumeur.

Pour y parvenir, je vous suggère de tenir ce que j'appelle votre *Journal des émotions* ; c'est une approche personnalisée qui vous permettra de déceler les émotions négatives qui vous habitent, mais aussi, surtout, de les vaincre.

Lorsque vous vous rendez compte que vous avez tout à coup de le goût de fumer — et peut-être même que vous aurez fait une entorse à votre programme —, ou lorsque vous vous rendez compte que la cause de votre comportement est directement reliée à une émotion négative, une contradiction ou une déception, analysez votre comportement de la façon suivante.

Séquence

A. L'événement (ou la situation)

B. Ce que je me suis dit, intérieurement

C. Les émotions vécues et le comportement qui a suivi.

Cela, par un exemple précis, pourrait être raconté comme suit :

A. Une connaissance m'a dit que je ne pourrais jamais cesser de fumer

B. Je me suis dit, intérieurement : j'ai déjà cessé de fumer quelques jours et j'ai recommencé ; je reconnais que cette personne a raison lorsqu'elle me dit cela.

C. Je me suis découragé et j'ai fumé une cigarette.

Ce que je vais maintenant me dire

En analysant cette séquence, vous vous rendez compte que ce n'est pas l'événement ou la situation, dans le cas ici ce que votre personne vous a dit, qui a provoqué votre émotion, le découragement à cesser de fumer, mais c'est ce que vouv vous êtes dit : cette personne a réussi.

Pour développer un contrôle sur vos émotions et votre comportement de fumeur, il faut que vous changiez ce que vous vous dites intérieurement.

Si vous vous dites : cette personne peut bien dire ce qu'elle veut ; j'ai maintenant de meilleurs outils de motivation et je vais apprendre de mes erreurs passées pour m'améliorer et réussir, vous vous rendrez compte que l'émotion qui va suivre va en être une d'optimisme et que vous ne reprendrez pas à fumer.

À chaque fois que vous avez le goût de fumer, demandez-vous si vous êtes aux prises avec une émotion négative. Si oui, faites la séquence A-B-C par écrit.

Une fois que vous avez identifié votre pensée responsable de émotion, changez-la par une pensée plus réaliste, voire plus positive.

Le plus difficile à analyser, bien entendu, c'est la séquence B, car cette pensée peut être inconsciente. Si vous avez de la difficulté à la cerner, vous pouvez demander de l'aide à quelqu'un de votre entourage qui vous connaît bien.

Lorsque vous savez ce que vous devez maintenant vous dire, répétez-le vous, à voix forte ou intérieurement, environ 400 fois — des recherches ont démontrées que c'est le « chiffre magique » avant qu'une nouvelle attitude devienne en quelque sorte un automatisme.

Votre journal des émotions

Commencez donc, maintenant, le journal de vos émotions. Pour ce faire, c'est simple. Suivez le modèle ci-dessous :

A. L'ÉVÉNEMENT (OU LA SITUATION) QUI A TOUT DÉCLENCHÉ

_____
_____
_____
_____
_____

B. CE QUE JE ME SUIS DIT

_____
_____
_____
_____
_____

C. MA RÉACTION (mes émotions et la façon dont j'ai réagi)

_____
_____
_____
_____
_____

CE QUE JE VAIS MAINTENANT ME DIRE :

_____
_____
_____
_____
_____

Répétez celle-ci plusieurs fois par jour, pendant plusieurs jours, jusqu'à ce que vous l'ayez répété 400 fois, pour que cette «programmation» devienne en quelque sorte un «automatisme»; répétez-la si vous sentez qu'un même genre de situation est en train de se produire.

***

Le journal alimentaire

Depuis toujours — je le réalise en consultation — la majorité des gens est persuadée que le fait de cesser de fumer s'accompagne toujours d'une prise de poids. Je l'ai déjà dit dans d'autres ouvrages, et je le redis : C'est faux. Pourtant, cette fausse certitude fait que bien des gens, et particulièrement des femmes, ne nous le cachons pas, renoncent à cesser de fumer, simplement parce qu'ils ont peur de prendre quelques kilos supplémentaires. Cela va même plus loin puisque parfois, alors qu'ils semblaient sur la voie de la réussite pour cesser de fumer, voilà que tout à coup, sans signe annonciateur, ils connaissent une rechute. Il ne semble pourtant pas y avoir de raison à cet échec alors qu'elle est plutôt inconsciente : la peur d'engraisser.

De nombreuses recherches ont été faites pour établir des parallèles entre le fumeur et l'alimentation, ainsi qu'entre le non-fumeur et l'alimentation. Ces recherches ont toutefois eu peu de diffusion, mais certains faits, lorsque nous en prenons connaissance, ne manquent pas de nous surprendre. Par exemple, il a été mis en évidence que le fumeur a des choix (des besoins) alimentaires particuliers, notamment parce que son goût et son odorat souffrent d'une dégradation due à son habitude de fumer. C'est ce qui explique qu'il consomme beaucoup plus d'aliments gras puisque les arômes sont solubles dans les lipides; les acides gras saturés qu'il consomme en plus grande quantité que la majorité des non-fumeurs augmentent du coup son taux de cholestérol dans le sang. Il en est de même pour le sel, que le fumeur consomme de façon excessive ; cela aussi s'explique puisque ce condiment exalte le goût. À ration alimentaire égale, elle sera plus riche en protéines chez le fumeur que chez le non-fumeur puisque la nicotine favorise la synthèse protéique. À l'inverse, le fumeur mange peu de fruits et de légumes, ce qui provoque souvent une carence en vitamine C et en bêta-carotène et peut être à l'origine d'un vieillissement prématuré, de maladies cardiovasculaires et de cancers.

Mais à partir du moment où le fumeur cesse de fumer, son organisme se rétablit lentement et ses besoins se modifient.

Je pourrais parler encore longuement des effets de la cigarette sur l'alimentation et la santé mais cela ressemblerait à un ouvrage médical. L'important, c'est de savoir que la prise de poids, lorsque vous cessez de fumer, n'est pas «obligatoire». D'ailleurs, les statistiques montrent que 25 % des gens qui cessent de fumer perdent du poids ; que 50 % maintiennent leur poids ; tandis que 25 % connaissent une prise de poids qui reste cependant fort modérée (48 % des femmes et 55 % des hommes prennent moins de trois kilos).

Surveillez votre alimentation

Vous devriez adopter une alimentation saine et équilibrée ; vous ne devriez d'ailleurs pas attendre de cesser de fumer pour le faire. Si votre alimentation a besoin d'être «réajustée», commencez à y voir avant de cesser de fumer. D'une part, cela vous permettra sans doute de réduire légèrement votre poids actuel et, d'autre part, d'éviter de prendre du poids lorsque vous cesserez définitivement de fumer.

Voici quelques conseils que je donne à ceux qui me consultent :

- Avoir une alimentation équilibrée ne signifie pas nécessairement manger moins.
- Celui qui cesse de fumer et qui prend du poids, souvent, ne mange pas trop mais mal.
- Augmentez vos rations de protéines végétales (aliments complets, céréales, légumineuses, etc.).
- Comme source de protéines animales, optez pour la volaille et le poisson plutôt que pour la viande ou les chacuteries.
- Augmentez votre consommation de fibres (céréales, aliments complets, légumineuses, fruits et légumes, etc.).
- Méfiez-vous des glucides dont le goût est sucré (boissons gazeuses, sucreries, confiserie, chocolat, etc.).
- Mangez beaucoup d'aliments riches en vitamine C, tels que fruits et crudités.
- Buvez au moins un litre d'eau par jour.
- Évitez la bière, les apéritifs et les digestifs.
- Ne buvez qu'un ou deux cafés par jour (au moment du sevrage, le café augmente l'irritabilité).
- Ne grignotez pas entre les repas, sinon mangez un fruit.
- Prenez vos trois repas par jour ; veillez à ne jamais en sauter un.
- Au moment des repas, mangez lentement en mastiquant bien les aliments.
- Prenez des suppléments alimentaires, de la multi-vitamine et de la vitamine C.
- Faites de l'exercice!

Bien sûr, je pourrais vous donner d'autres conseils. Mais fiez-vous à ceux-ci et consultez le *Guide canadien de l'alimentation* (en téléphonant à Santé Canada, on vous en fera parvenir un exemplaire) et, si vous en avez besoin, les différents programmes de nutrition et de motivation que j'ai développés au fil des ans et dont vous trouverez la liste à la fin de cet ouvrage.

Pour être sûr de suivre les conseils qui sont donnés dans le Guide canadien, je vous suggère de tenir un Journal de votre alimentation, dans lequel vous noterez, chaque jour pendant une semaine, les aliments que vous avez consommés et ceux que vous auriez dû consommer. Une fois par mois, aussi, munissez-vous d'une feuille de papier et d'un crayon et notez tout ce que vous mangez dans la journée (les aliments et l'heure à laquelle vous avez grignoté ou mangé, les émotions que vous avez ressenties — les activités que vous étiez en train de faire), cela vous permettra sans doute de corriger certaines mauvaises habitudes.

De cette façon, en peu de temps, vous réussirez à corriger vos écarts alimentaires et vous vous éviterez de prendre un seul kilo en cessant de fumer.

Votre décision est prise

*« Tabac : Cause de toutes
les maladies du cerveau et
des maladies de la
moelle épinière. »*
Gustave Flaubert

Votre décision est prise : vous allez cesser de fumer.

Mais comment allez-vous procéder? Pour tout dire, deux façons s'offrent à vous : la diminution progressive ou l'arrêt brutal.

La diminution progressive consiste simplement à diminuer peu à peu le nombre de cigarettes fumées. Naturellement, dans un tel cas, les possibilités sont multiples et chacun peut les adapter à son désir ou son attente. Certains choisiront de diminuer progressivement la quantité de cigarettes fumées par jour, en se fixant des objectifs précis à atteindre, tandis que d'autres se fixeront des buts hebdo-madaires. La diminution jusqu'à l'arrêt complet pourra égale-ment s'étendre sur une semaine comme... sur dix. À chacun de décider.

Beaucoup de gens s'accommodent de cette façon de faire. Je ne nie pas qu'elle puisse effectivement donner cer-tains résultats, surtout chez les *gros fumeurs* qui ne se sentiraient pas le courage ou la volonté de cesser de fumer du jour au lendemain. Mais je n'en garde pas moins un certain nombre de réserves vis-à-vis de cette méthode puisque je considère qu'elle laisse le fumeur dans son environnement de fumeur et avec ses habitudes de fumeur; il a toujours la cigarette à portée de la main et chaque cigarette qu'il se refuse exige ce que je considère comme un effort très difficile. En ce sens, la diminution progressive dissimule (mal) la difficulté réelle du sevrage et, surtout, elle ne règle pas le problème de dépendance physique, laquelle est presque toujours présente, et qui ne peut se régler que par un sevrage total.

Je privilégie donc l'arrêt total — brutal même.

Le fumeur le sait : l'enjeu est considérable. Et plus l'habitude est ancrée en lui, plus il aura à se battre pour vaincre sa dépendance physique et sa dépendance psycho-logique. Heureusement, pour contrer la dépendance physique, il existe aujourd'hui un certain nombre d'outils qui facilitent la tâche (j'aborderai cette question un peu plus loin dans ce chapitre), et si l'on adopte de bonnes attitudes de vie — une alimentation saine et équilibrée et l'exercice — on peut assez facilement en venir à bout.

Il est probablement plus difficile de se débarrasser de la dépendance psychologique ; c'est d'ailleurs pour cette raison que j'ai développé ce programme de 21 jours que vous retrouverez en deuxième partie de cet ouvrage et qui a justement pour but de vous aider à vous motiver et à développer une nouvelle attitude, non seulement vis-à-vis de la cigarette mais également vis-à-vis de vous-même et vis-à-vis de la vie en général.

Les « outils » d'aide au sevrage

Depuis quelques années, certains outils pharmacologiques ont été développés pour aider le fumeur à se débarrasser de sa dépendance physique. Les plus populaires sont incontestablement le timbre à la nicotine, la gomme à la nicotine et plus récemment le médicament « bupropion ».

Le timbre à la nicotine

Le timbre à la nicotine est un dispositif adhésif qui délivre de la nicotine à travers la peau, afin de supprimer progressivement la dépendance. La diffusion de la nicotine est régulière tout au long de la journée, ce qui maintient un taux sanguin de nicotine stable, et on change le timbre à tous les matins. Il existe des timbres de différentes *forces*, et c'est à chacun d'évaluer, avec son médecin, celle qui lui convient. Habituellement, on recommande un timbre de 21 mg si le sujet fume plus de un paquet de cigarettes par jour. La durée du traitement s'échelonne sur 12 semaines en changeant les concentrations des timbres à tous les quatre jours. Il est préférable d'appliquer le timbre sur des surfaces de peau différentes à chaque jour et ne pas le remettre à la même place avant cinq à sept jours. Les timbres sont maintenant vendus sans ordonnance. Il faut souligner que lorsqu'on a recours au timbre, il faut absolument ne fumer aucune cigarette, au risque d'être victime d'une surdose de nicotine.

Certains inconvénients sont toutefois rattachés à ce dispositif. Par exemple, il ne sert qu'à ceux qui souffrent d'une dépendance physique (voir le test de Fagerstrom au chapitre 3) ; il arrive aussi qu'il tienne mal, surtout si l'on transpire abondamment. Enfin, certains fumeurs peuvent avoir une intolérance cutanée, ce qui risque alors de provoquer des rougeurs ou des démangeaisons ; d'autres peuvent souffrir d'insomnie ou de maux de tête (particulièrement si le dosage du timbre ne leur est pas adapté).

Par contre, il présente certains avantages indéniables ; il diminue notamment la dépendance physique, l'envie de fumer, et il atténue les symptômes reliés au sevrage. Il évite aussi les fluctuations du taux de nicotine qui tend à connaître des pics lorsqu'on fume une cigarette. Le dispositif provoque ausi un bon taux de succès. Attention, il y a aussi des contre-indications importantes : les cardiaques souffrant d'une angine instable et d'arythmie ne devraient pas utiliser ces produits, de même que les femmes enceintes et celles qui allaitent.

La gomme à la nicotine

La gomme à la nicotine est une résine qui libère progressivement, au mastiquage, la nicotine dont elle est imprégnée. Plutôt que d'allumer une cigarette, on mâche une gomme. Habituellement, au début, le fumeur peut consommer une dizaine de gommes par jour. Cette quantité diminuera environ à sept à la fin de la première semaine pour cesser après l'habitude de fumer a été basée avecsuccès, c'est recommandé d'en garder sur sur soi, pendant une période allant jusqu'à trois mois après avoir cessé de fumer, en cas de besoin irrésistible.

L'un des inconvénients de cette gomme est que la nicotine (il existe deux dosages) ne se retrouve pas totalement dans le sang, le fumeur peut donc ne pas être totalement satisfait. D'autre part, pour en ressentir vraiment les effets, il faut mastiquer très lentement et, idéalement, s'interrompre quelques secondes entre chaque mastication, sinon l'absoption de nicotine est diminuée et les effets secondaires du sevrage sont plus évidents. Chez certains, aussi, la gomme provoquera une inflammation buccale, des traumatismes dentaires, des douleurs des muscles masticateurs; parfois même des insomnies, des vertiges, des maux de tête, des nausées et une perte d'appétit.

Avec cette gomme, les taux sanguins de nicotine sont moindres que ceux obtenus lorsque vous fumez une cigarette, mais vous procurent néanmoins la satisfaction attendue. On suggère pour les fumeurs de moins de 20 cigarettes par jour les gommes dosées à 2 mg, et pour les fumeurs de plus de 20 cigarettes par jour les gommes à 4 mg. Le maximum ne doit pas dépasser 60 à 80 mg par jour. La durée du traitement peut s'échelonner sur 12 semaines avec la possibilité de poursuivre un autre trois mois au besoin. N'oubliez pas de mastiquer à une ou deux reprises, puis placez le morceau entre la joue et la gencive. Attendez une minute avant de recommencer. Le morceau peut être utilisé jusqu'à 30 minutes. Il est préférable de mâcher une gomme à toutes les heures, surtout pour les gros fumeurs. Les mêmes contre-indications que pour les timbres à la nicotine s'appliquent.

Le bupropion

Le bupropion est un nouveau médicament qui a été développé comme antidépresseur. Par son mécanisme sur les neurotransmetteurs noradrénergiques et/ou dopaminergiques au niveau du cerveau, il aide à réduire les symptômes de sevrage et l'envie de fumer. Il ne contient pas de nicotine. Il est vendu seulement sur ordonnance médicale.

Il est suggéré de commencer à prendre les comprimés 7 à 14 jours avant d'arrêter de fumer. Pour éviter les effets secondaires, prenez un comprimé de 150 mg par jour pendant trois jours, puis un comprimé deux fois par jour pendant 7 à 12 semaines. En cas d'insomnie, prenez le deuxième comprimé le plus tôt possible dans la journée, mais au moins huit heures après le premier. On peut les prendre en mangeant ou avec de l'eau. Il ne faut pas les croquer, les couper ou les écraser.

Les effets secondaires les plus fréquents sont l'insomnie et la bouche sèche. Cette dernière peut être soulagée en buvant beaucoup d'eau, en suçant des glaçons ou en mastiquant des gommes sans sucre. Des tremblements et une éruption cutanée peuvent survenir. Consultez votre médecin.

Si votre médecin vous le recommande, il est possible d'utiliser les timbres de nicotine en même temps que le buoproion. Surveillez attentivement d'éventuelles hausses de votre tension artérielle et ne fumez pas en même temps que vous prenez les timbres.

Il est contre-indiqué d'utiliser ce médicament si vous souffrez de convulsions, de boulimie ou d'anorexie, ou si vous prenez déjà, pour une dépression, du bupropion (nom commercial : Wellbutrin SR), ou des inhibiteurs de la monoamine oxydase (IMAO).

Un conseil important : ne vous fiez pas uniquement aux outils pharmacologiques pour arrêter de fumer. Leur taux de succès ne dépasse pas 35 %. Sans motivation et désir profond d'arrêter, il n'y a pas d'espoir de réussite. Le programme de motivation et de comportement qui vous est offert dans ce livre augmente considérablement votre taux de succès. En d'autres mots, tous ces outils vont bien ensemble pour vous *permettre de réussir une fois pour toutes.*

D'autres outils

Il existe d'autres méthodes, ou d'autres outils, pour cesser de fumer; il y a notamment toute la gamme des thérapies alternatives, telle l'hypnose, l'acupuncture, l'homéopathie et la phytothérapie. Il y a aussi certains programmes de motivation qui traitent de programmation mentale, notamment

Motivation santé / Arrêtez de fumer — qui est un outil complémentaire à ce livre — et *Arrêtez de vous en faire / Maîtrisez votre stress* que j'ai personnellement développés au fil des ans. Enfin, la médication traditionnelle a aussi ses médicaments, votre médecin pourra vous conseiller à ce sujet.

***

Le pacte d'amitié et de support

Une façon de partir du bon pied, c'est de faire signer, par votre conjoint ou par un ami, un *Pacte d'amitié et de support*.

Vous savez pertinemment bien que le tabagisme est une maladie sérieuse qui compromet la santé physique et psychologique de la personne qui en est victime ; elle crée une dépendance dont il n'est pas facile de se débarrasser. Aussi, avoir quelqu'un près de vous qui peut vous aider n'est qu'un atout supplémentaire dans votre jeu.

Pour « officialiser » ce pacte, faites les choses correctement. Reproduisez sur papier la formule qui suit, et faites-la signer par la personne qui s'engage à vous aider.

Je, soussigné(e), _____ , suis conscient(e) que le tabagisme est une maladie sérieuse et que mon ami(e), _____ , en est victime. Aussi, par la présente, je m'engage :

- À éviter de lui adresser des reproches lorsqu'il (elle) me parle de ses tentations ; au contraire, je l'encouragerai à persévérer ;
- À écouter, sans chercher à lui faire la leçon ou la morale, s'il (si elle) en vient à céder à la tentation ;

- À l'encourager, malgré les difficultés et les écueils, a rester non-fumeur pendant une période d'un an.
- À lui assurer mon aide et mon support lorsqu'il (elle) en fera la demande ;

En foi de quoi, j'ai signé

_____

Le _____ jour de _____ 19 ___.

Mon programme de 21 jours

Dans la prochaine partie de ce livre, vous trouverez mon programme de 21 jours pour cesser de fumer — sans prendre un seul kilo. Vous le verrez, le principe est simple ; il est basé sur la motivation et constitue en quelque sorte un prolongement des traitements que j'ai développés au fil des ans dans d'autres domaines et qui, tous, ont connu des taux de succès plus qu'intéressants. Si le programme a été conçu sur une période de 21 jours, ce n'est pas une simple fantaisie, c'est parce qu'il a été démontré dans de nombreuses recherches — ce que j'ai aussi noté dans mon expérience professionnelle — que 21 jours étaient nécessaires et suffisants pour se débarrasser d'une mauvaise habitude telle le tabagisme.

Suivez-le rigoureusement pendant 21 jours : vous serez surpris de constater comment vous aurez pu cesser de fumer sans difficulté — et toujours sans prendre de poids, je le souligne.

Chaque jour est composé de huit étapes, la première semaine, et de 9, la deuxième. De préférence, faites les quatre premières étapes de journée lors de la première semaine et les cinq premières lors des autres semaines, le matin et les autres le soir, au coucher.

Cependant, voici quelques éléments que vous devrez avoir à l'esprit quand vous commencerez ce programme.

Je me motive

Cela réfère à une technique de motivation basée sur une technique développée pour des athlètes « top niveau » ; on la doit à Garfield qui, le premier, l'a expliquée dans son livre *Peak Performance.*

- Munissez-vous d'un crayon et de papier et assurez-vous de ne pas être dérangé pendant au moins 30 minutes.

- Rappelez-vous un événement heureux de votre vie qui vous a procuré une très grande satisfaction ; ça peut être n'importe quoi et toucher n'importe quel aspect de votre vie. Résumez ensuite cet événement dans les lignes réservées à cette fin.

- Revivez cet événement en essayant de n'oublier aucun détail. Des mots que vous avez prononcés jusqu'aux attitudes qui ont été les vôtres, des mots des autres et leurs réactions. Jouissez pleinement de ces agréables souvenirs. Notez, par écrit, les émotions ou les sentiments qui vous habitaient alors.

- Réfléchissez maintenant au cheminement qui vous a mené à cette réussite. Les efforts que vous avez faits, les jalons que vous avez posés, les actions qui ont permis cette heureuse conclusion. Résumez-les par écrit.

Dans un deuxième temps, peut-être le soir avant d'aller vous coucher, gardez-vous une autre demi-heure pour revivre mentalement l'événement heureux que vous aurez notez précédemment. Questionnez-vous :

- Sur une échelle de 1 à 10, quel était mon degré de volonté de réussir?

- Sur une échelle de 1 à 10, quel était mon degré d'engagement à atteindre mon objectif?

- Est-ce que ma préparation était adéquate?

- Est-ce que le défi était une source de motivation?

- Est-ce que mon désir de plaire à mon entourage m'a stimulé?
- Quels sont les autres facteurs qui ont aidé à ma réussite d'aujourd'hui?

Analysez vos réponses, tirez vos conclusions et retenez ce sur quoi vous avez à travailler.

Dans un troisième temps, faites de la visualisation mentale.

Il s'agit simplement de vous imaginer comme si vous étiez déjà un non-fumeur. *Vous vous* imaginez claire-ment dans des activités où vous n'avez plus à souffrir des contraintes liées à la cigarette. Imaginez-vous en train de manger au restaurant en bonne compagnie ; imaginez-vous en train de savourer un vin délicat ; imaginez l'ambiance et l'atmosphère. Surtout, ressentez le bien-être qui vous habite, ressentez comme vous êtes bien dans votre peau.

Pour obtenir de bons résultats avec cette technique, vous devez cependant la pratiquer à répétition — au moins une fois par jour.

***

Je me récompense

Pour beaucoup de fumeurs, la cigarette est en quelque sorte une «récompense» à certains moments précis de la journée. En cessant de fumer, vous vous supprimez cette récompense. Il vous faut donc la compenser par autre chose puisque c'est dans la nature même de l'homme que d'aimer se récompenser, surtout lorsqu'il considère avoir fait un effort quelconque ou atteint un but particulier.

Dans certains cas, à la fin de la première, de la deuxième et de la troisième semaine, ça peut être un petit «luxe» que vous ne vous seriez pas payé autrement; ça peut être une sortie au restaurant, l'achat d'un objet que vous désiriez ou même une petite escapade amoureuse. Pour les autres jours, ça peut être différent et à la hauteur de vos attentes et de vos moyens.

Retenez cependant que la plus belle des récompenses, c'est de pouvoir vous regarder dans le miroir et vous disant : « Je suis fier de moi. J'ai réussi à cesser de fumer. Ça va me profiter pour le reste de ma vie... »

***

Je médite cette pensée

L'effort, la volonté, le courage, la détermination, voilà tout autant de qualités qui ont été vantées au fil du temps. J'ai réuni, pour vous, quelques pensées — une pour chacun des jours du programme — qui s'inscrivent dans l'effort que vous avez à faire. Méditez-les et essayez de voir comment elles peuvent s'appliquer dans votre vie.

DEUXIÈME PARTIE

Le programme au jour le jour

Jour 1

1. JE PRENDS CONSCIENCE

Dès mon réveil, je prends conscience que c'est aujourd'hui que commence une nouvelle période de ma vie ; je sais que j'ai un défi à relever, mais je sais aussi — j'en suis intimement convaincu — que je le relèverai avec succès.

Je dis à voix forte : ***Aujourd'hui, j'arrête de fumer. Ça va être merveilleux.***

2. JE ME MOTIVE

À partir de la technique décrite à la fin du chapitre précédent, je me rappelle une situation ou un événement qui m'a procuré une grande satisfaction personnelle — gardez à l'esprit que cette dernière n'a pas besoin d'être en relation avec la cigarette.

Je la résume en quelques lignes :

_____

_____

_____

_____

Je m'efforce de revivre la situation telle que je l'ai vécue alors ; je ferme les yeux pour chercher à me rappeler les moindres détails.

Je note les sentiments et les émotions que j'ai éprouvés :

_____

_____

Comme cet événement n'a probablement pas été le résultat du hasard, j'essaie de me rappeler les efforts que j'ai dû faire pour y arriver.

Je les mets sur papier :

_____

_____

3. JE ME RÉCOMPENSE

Lorsque j'arriverai à la fin de la journée, sans avoir fumé, je m'accorderai un «petit plaisir» tel qu'expliqué à la fin du chapitre précédent; celui-ci sera :

_____

4. JE MÉDITE CETTE PENSÉE

«Quand tout marche bien, il est grand temps d'entreprendre autre chose.»
— Fernand Deligny

5. J'IDENTIFIE MES DIFFICULTÉS

Il est possible — pas nécessairement obligatoire — que j'aie vécu des moments difficiles aujourd'hui; si tel a été le cas, j'ai probablement ressenti des émotions négatives. Je les décris (suivez le modèle A. B. C. tel que décrit p. 48 :

_____

_____

Pour éviter qu'une telle situation ne se reproduise à l'avenir, *je vais me dire* :

_____

_____

_____

_____

6. J'AI PENSÉ À MOI

Il est essentiel que je pense à moi, que je m'accorde le temps nécessaire pour me livrer aux activités que j'aime. Je fais ici le bilan de ma journée :

LECTURE

J'y ai consacré _____ minutes. Est-ce que cela m'a satisfait?

❑ Oui   ❑ Non

DÉTENTE

J'y ai consacré _____ minutes. Est-ce que cela m'a satisfait?

❑ Oui   ❑ Non

ACTIVITÉS DIVERSES

J'y ai consacré _____ minutes. Est-ce que cela m'a satisfait?

❑ Oui   ❑ Non

PROGRAMMATION MENTALE

J'y ai consacré _____ minutes. Est-ce que cela m'a satisfait?

❑ Oui   ❑ Non

7. JE ME DOIS DE CORRIGER

Une façon d'être ou quelque chose que j'ai fait et que j'identifie ici :

_____

_____

8. JE FAIS LE BILAN DE MA JOURNÉE

Je souligne au moins **une** raison que j'ai d'être fier de moi aujourd'hui.

_____

_____

Est-ce que je me sens prêt à cesser de fumer?

❑ Oui   ❑ Non

**Si je réponds par l'affirmative,
je sais que ma vie entière sera changée!**

Jour 2

1. *JE PRENDS CONSCIENCE*

Dès mon réveil, Je prends conscience que j'ai un défi à relever, mais je sais aussi — j'en suis intimement convaincu — que je le relèverai avec succès.

Je dis à voix forte : **Aujourd'hui, je vais vivre une très belle journée.**

2. *JE ME MOTIVE*

Je me rappelle les choses importantes que j'ai réussies dans le passé, cela me fait réaliser que j'ai des qualités et des talents. J'en identifie 12 :

1. _____

2. _____

3. _____

4. _____

5. _____

6. _____

7. _____

8. _____

9. _____

10. _____

11. _____

12. _____

3. JE ME RÉCOMPENSE

Lorsque j'arriverai à la fin de la journée, sans avoir fumé, je m'accorderai un «petit plaisir»; celui-ci sera :

_____

4. JE MÉDITE CETTE PENSÉE

« Le pessimisme est d'humeur; l'optimisme est de volonté. »

— Alain

5. J'IDENTIFIE MES DIFFICULTÉS

Il est possible — pas nécessairement obligatoire — que j'aie vécu des moments difficiles aujourd'hui; si tel a été le cas, j'ai probablement ressenti des émotions négatives. Je les décris :

_____

_____

Pour éviter qu'une telle situation ne se reproduise à l'avenir, je me dis :

_____

_____

_____

_____

6. J'AI PENSÉ À MOI

Il est essentiel que je pense à moi, que je m'accorde le temps nécessaire pour me livrer aux activités que j'aime. Je fais ici le bilan de ma journée :

LECTURE

J'y ai consacré _____ minutes. Est-ce que cela m'a satisfait?

❑ Oui   ❑ Non

DÉTENTE

J'y ai consacré _____ minutes. Est-ce que cela m'a satisfait?

❑ Oui   ❑ Non

ACTIVITÉS DIVERSES

J'y ai consacré _____ minutes. Est-ce que cela m'a satisfait?

❑ Oui   ❑ Non

PROGRAMMATION MENTALE

J'y ai consacré _____ minutes. Est-ce que cela m'a satisfait?

❑ Oui   ❑ Non

7. JE ME DOIS DE CORRIGER

Une façon d'être ou quelque chose que j'ai fait et que j'identifie ici :

_____

_____

8. JE FAIS LE BILAN DE MA JOURNÉE

Je souligne au moins **une** raison que j'ai d'être fier de moi aujourd'hui.

_____

_____

_____

Qu'est-ce que je me suis toujours dit pour m'empêcher d'arrêter de fumer?

Je suis trop nerveux _____
Je vais engraisser _____
Je n'ai pas la volonté nécessaire _____
Je le ferai quand j'y serai vraiment obligé _____
Il faut bien mourir de quelque chose! _____

Jugez-vous que ce sont de véritables bonnes raisons?

Jour 3

1. JE PRENDS CONSCIENCE

Dès mon réveil, je prends conscience que j'ai un défi à relever mais je sais aussi — j'en suis intimement convaincu — que je le relèverai avec succès.

Je dis à voix forte : **Aujourd'hui, je sens que je vais réussir quelque chose de formidable!**.

2. JE ME MOTIVE

Si je fumais un paquet de cigarettes par jour, c'est cinquante cigarettes que je n'ai pas fumées ; si je fumais deux paquets de cigarettes par jour, c'est cent cigarettes que je n'ai pas fumées!

J'ai bien l'intention de continuer! D'ailleurs, je connais bien les bénéfices que je vais en retirer à la longue. Je me les rappelle :

1. _____

2. _____

3. _____

4. _____

5. _____

6. _____

7. _____

8. _____

9. _____

10. _____

3. JE ME RÉCOMPENSE

Lorsque j'arriverai à la fin de la journée, sans avoir fumé, je m'accorderai un « petit plaisir » ; celui-ci sera :

_____

4. JE MÉDITE CETTE PENSÉE

« _Une âme saine dans un corps sain._ »

— Juvénal

5. J'IDENTIFIE MES DIFFICULTÉS

Il est possible — pas nécessairement obligatoire — que j'aie vécu des moments difficiles aujourd'hui ; si tel a été le cas, j'ai probablement ressenti des émotions négatives. Je les décris :

_____

Pour éviter qu'une telle situation ne se reproduise à l'avenir, je me dis :

_____

6. J'AI PENSÉ À MOI

Il est essentiel que je pense à moi, que je m'accorde le temps nécessaire pour me livrer aux activités que j'aime. Je fais ici le bilan de ma journée :

LECTURE

J'y ai consacré _____ minutes. Est-ce que cela m'a satisfait?

❑ Oui ❑ Non

DÉTENTE

J'y ai consacré _____ minutes. Est-ce que cela m'a satisfait?

❑ Oui ❑ Non

ACTIVITÉS DIVERSES

J'y ai consacré _____ minutes. Est-ce que cela m'a satisfait?

❑ Oui ❑ Non

PROGRAMMATION MENTALE
J'y ai consacré _____ minutes. Est-ce que cela m'a satisfait?
❑ Oui   ❑ Non

7. JE ME DOIS DE CORRIGER
Une façon d'être ou quelque chose que j'ai fait et que j'identifie ici :

_____

_____

_____

8. JE FAIS LE BILAN DE MA JOURNÉE
Je souligne au moins **une** raison que j'ai d'être fier de moi aujourd'hui.

_____

_____

_____

Suis-je « accroché » à la nicotine?

Si c'est le cas — le test de Fagerstrom m'a donné la réponse — Est-ce que je fais quelque chose pour m'aider?

Les timbres ou la gomme à la nicotine peuvent probablement m'aider...

Jour 4

1. JE PRENDS CONSCIENCE

Dès mon réveil, je prends conscience que j'ai un défi à relever, mais je sais aussi — j'en suis intimement convaincu — que je le relèverai avec succès.

Je dis à voix forte : **Aujourd'hui, je vais vivre une très belle journée.**

2. JE ME MOTIVE

Trois jours que je n'ai pas fumé — je ne pensais jamais arriver jusque-là! Pourtant, j'y suis parvenu. Physiquement, je ressens déjà les premiers bienfaits d'avoir cessé de fumer mais... je sais que plus le temps passera, plus j'en connaîtrai d'autres.

Je ferme les yeux et j'imagine vivre une situation en rapport avec l'une des raisons qui m'ont fait cesser de fumer.

Je l'écris en détail :

_____

_____

_____

_____

_____

_____

_____

_____

_____

3. JE ME RÉCOMPENSE

Lorsque j'arriverai à la fin de la journée, sans avoir fumé, je m'accorderai un « petit plaisir » ; celui-ci sera :

_____

4. JE MÉDITE CETTE PENSÉE
«Les choses ne sont pas difficiles à faire, ce qui est difficile c'est de nous mettre en état de les faire.»
— Constantin Brancusi

5. J'IDENTIFIE MES DIFFICULTÉS
Il est possible — pas nécessairement obligatoire — que j'aie vécu des moments difficiles aujourd'hui; si tel a été le cas, j'ai probablement ressenti des émotions négatives. Je les décris :

_____

_____

Pour éviter qu'une telle situation ne se reproduise à l'avenir, je me dis :

_____

_____

_____

_____

6. J'AI PENSÉ À MOI
Il est essentiel que je pense à moi, que je m'accorde le temps nécessaire pour me livrer aux activités que j'aime. Je fais ici le bilan de ma journée :

LECTURE
J'y ai consacré _____ minutes. Est-ce que cela m'a satisfait?
❑ Oui ❑ Non

DÉTENTE
J'y ai consacré _____ minutes. Est-ce que cela m'a satisfait?
❑ Oui ❑ Non

ACTIVITÉS DIVERSES
J'y ai consacré _____ minutes. Est-ce que cela m'a satisfait?
❑ Oui ❑ Non

PROGRAMMATION MENTALE

J'y ai consacré _____ minutes. Est-ce que cela m'a satisfait?

❑ Oui   ❑ Non

7. JE ME DOIS DE CORRIGER

Une façon d'être ou quelque chose que j'ai fait et que j'identifie ici :

_____

_____

8. JE FAIS LE BILAN DE MA JOURNÉE

Je souligne au moins **une** raison que j'ai d'être fier de moi aujourd'hui.

_____

_____

La cigarette est mauvaise pour ma santé, vraiment mauvaise. Je le sais.

Voici d'ailleurs les effets que j'ai déjà ressentis, ou les maladies dont j'ai déjà été victime et qui touchaient :

mes yeux :

_____

mon nez :

_____

ma gorge :

_____

mes poumons (mes bronches) :

_____

Jour 5

1. JE PRENDS CONSCIENCE

Dès mon réveil, je prends conscience que j'ai un défi à relever, mais je sais aussi — j'en suis intimement convaincu — que je le relèverai avec succès.

Je dis à voix forte : ***Aujourd'hui, je réalise que je fais vraiment quelque chose qui va me profiter à long terme.***

2. JE ME MOTIVE

Cinq jours, c'est une semaine de travail. Je dois garder à l'esprit que si je fumais deux paquets de cigarettes par jour, c'est 225 cigarettes que je n'ai pas fumées! Moi même, je n'en reviens pas!

Je me sens bien dans ma peau.

Je décris mes véritables sentiments, en détail :

_____

_____

_____

_____

_____

_____

Je souligne un effet que je ressens à avoir cessé de fumer.

_____

3. JE ME RÉCOMPENSE

Lorsque j'arriverai à la fin de la journée, sans avoir fumé, je m'accorderai un « petit plaisir » ; celui-ci sera :

_____

4. JE MÉDITE CETTE PENSÉE
«*Combien des gens meurent dans les accidents pour ne pas lâcher leur parapluie?*»
— Paul Valéry

5. J'IDENTIFIE MES DIFFICULTÉS
Il est possible — pas nécessairement obligatoire — que j'aie vécu des moments difficiles aujourd'hui ; si tel a été le cas, j'ai probablement ressenti des émotions négatives. Je les décris :

_____

_____

Pour éviter qu'une telle situation ne se reproduise à l'avenir, je me dis :

_____

_____

_____

_____

_____

6. J'AI PENSÉ À MOI
Il est essentiel que je pense à moi, que je m'accorde le temps nécessaire pour me livrer aux activités que j'aime. Je fais ici le bilan de ma journée :

LECTURE
J'y ai consacré _____ minutes. Est-ce que cela m'a satisfait?
❑ Oui   ❑ Non

DÉTENTE
J'y ai consacré _____ minutes. Est-ce que cela m'a satisfait?
❑ Oui   ❑ Non

ACTIVITÉS DIVERSES
J'y ai consacré _____ minutes. Est-ce que cela m'a satisfait?
❑ Oui   ❑ Non

PROGRAMMATION MENTALE
J'y ai consacré _____ minutes. Est-ce que cela m'a satisfait?

❑ Oui   ❑ Non

7. JE ME DOIS DE CORRIGER

Une façon d'être ou quelque chose que j'ai fait et que j'identifie ici :

_____

_____

8. JE FAIS LE BILAN DE MA JOURNÉE

Je souligne au moins **une** raison que j'ai d'être fier de moi aujourd'hui.

_____

_____

La cigarette est mauvaise pour ma santé, vraiment mauvaise. Je le sais.

Voici d'autres effets que j'ai déjà ressentis, ou d'autres maladies dont j'ai déjà été victime et qui touchaient :

mon cœur :

_____

ma circulation sanguine :

_____

ma peau :

_____

mon taux de cholestérol :

_____

Jour 6

1. JE PRENDS CONSCIENCE

Dès mon réveil, je prends conscience que j'ai un défi à relever, mais je sais aussi — j'en suis intimement convaincu — que je le relèverai avec succès.

Je dis à voix forte : **Aujourd'hui, je fais des choses, simplement pour me faire plaisir** .

2. JE ME MOTIVE

Voilà cinq jours que je réussis à ne pas allumer et fumer de cigarettes. Je suis heureux.

Avant ce premier jour où j'ai cessé de fumer, si je me fie à mon Journal de bord, je fumais _____ cigarettes. Aujourd'hui, j'en ai fumé _____ .

Je me sens de mieux en mieux dans ma peau.

Je décris mes véritables sentiments, en détail :

_____

_____

_____

_____

_____

_____

Je souligne un nouvel effet que je ressens à avoir cessé de fumer.

_____

3. JE ME RÉCOMPENSE

Lorsque j'arriverai à la fin de la journée, sans avoir fumé, je m'accorderai un « petit plaisir » ; celui-ci sera :

_____

4. JE MÉDITE CETTE PENSÉE

« *L'angoisse ça existe, l'important c'est d'en parler.* »

— Anonyme

5. J'IDENTIFIE MES DIFFICULTÉS

Il est possible — pas nécessairement obligatoire — que j'aie vécu des moments difficiles aujourd'hui; si tel a été le cas, j'ai probablement ressenti des émotions négatives. Je les décris :

_____

_____

Pour éviter qu'une telle situation ne se reproduise à l'avenir, je me dis :

_____

_____

_____

_____

_____

6. J'AI PENSÉ À MOI

Il est essentiel que je pense à moi, que je m'accorde le temps nécessaire pour me livrer aux activités que j'aime. Je fais ici le bilan de ma journée :

LECTURE

J'y ai consacré _____ minutes. Est-ce que cela m'a satisfait?

❑ Oui   ❑ Non

DÉTENTE

J'y ai consacré _____ minutes. Est-ce que cela m'a satisfait?

❑ Oui   ❑ Non

ACTIVITÉS DIVERSES

J'y ai consacré _____ minutes. Est-ce que cela m'a satisfait?

❑ Oui   ❑ Non

PROGRAMMATION MENTALE
J'y ai consacré _____ minutes. Est-ce que cela m'a satisfait?
❑ Oui ❑ Non

7. JE ME DOIS DE CORRIGER
Une façon d'être ou quelque chose que j'ai fait et que j'identifie ici :

_____

_____

8. JE FAIS LE BILAN DE MA JOURNÉE
Je souligne une raison que j'ai d'être fier de moi aujourd'hui.

_____

_____

La cigarette est mauvaise pour ma santé, vraiment mauvaise. Je le sais.

Voici d'autres effets que j'ai déjà ressentis, ou d'autres maladies dont j'ai déjà été victime et qui touchaient :

mes enfants :

_____

mes proches :

_____

mon environnement social :

_____

Jour 7

1. JE PRENDS CONSCIENCE

Dès mon réveil, je prends conscience que j'ai un défi à relever, mais je sais aussi — j'en suis intimement convaincu — que je le relèverai avec succès.

Je dis à voix forte : **Aujourd'hui, je choisis de faire ce qui est bon pour moi.**

2. JE ME MOTIVE

Voilà six jours que je réussis à ne pas allumer et fumer de cigarettes. Je suis heureux.

Avant ce premier jour où j'ai cessé de fumer, si je me fie à mon Journal de bord, je fumais _____ cigarettes. Aujourd'hui, j'en ai fumé _____ .

Je me sens de mieux en mieux dans ma peau.

Je décris mes véritables sentiments, en détail :

_____

_____

_____

_____

_____

_____

Je souligne un nouvel effet que je ressens à avoir cessé de fumer.

_____

3. JE ME RÉCOMPENSE

Lorsque j'arriverai à la fin de la journée, sans avoir fumé, je m'accorderai un « petit plaisir » ; celui-ci sera :

_____

4. JE MÉDITE CETTE PENSÉE
« Ça ne s'apprend jamais trop tôt, la liberté. »
— Hervé Bazin

5. J'IDENTIFIE MES DIFFICULTÉS
Il est possible — pas nécessairement obligatoire — que j'aie vécu des moments difficiles aujourd'hui ; si tel a été le cas, j'ai probablement ressenti des émotions négatives. Je les décris :

_____

_____

Pour éviter qu'une telle situation ne se reproduise à l'avenir, je me dis :

_____

_____

_____

_____

_____

6. J'AI PENSÉ À MOI
Il est essentiel que je pense à moi, que je m'accorde le temps nécessaire pour me livrer aux activités que j'aime. Je fais ici le bilan de ma journée :

LECTURE
J'y ai consacré _____ minutes. Est-ce que cela m'a satisfait?
❑ Oui   ❑ Non

DÉTENTE
J'y ai consacré _____ minutes. Est-ce que cela m'a satisfait?
❑ Oui   ❑ Non

ACTIVITÉS DIVERSES
J'y ai consacré _____ minutes. Est-ce que cela m'a satisfait?
❑ Oui   ❑ Non

PROGRAMMATION MENTALE

J'y ai consacré _____ minutes. Est-ce que cela m'a satisfait?

❑ Oui   ❑ Non

7. JE ME DOIS DE CORRIGER

Une façon d'être ou quelque chose que j'ai fait et que j'identifie ici :

_____

_____

8. JE FAIS LE BILAN DE MA JOURNÉE

Je souligne au moins **une** raison que j'ai d'être fier de moi aujourd'hui.

_____

_____

La cigarette est mauvaise, c'est entendu.

Mais est-ce que je ne suis pas, aussi, une personne « à risques »?

Est-ce que mon environnement ne m'influence pas dans le sens où ce qui m'entoure m'incite à fumer — mes amis, les restaurants ou les bars que je fréquente?
Est-ce que je n'ai pas un tempérament «sensible» aux influences?
Est-ce que mon milieu de travail ne me mets pas en contact avec d'autres produits toxiques?

C'est quelque chose à quoi je dois réfléchir... Sérieusement.

Résumé de ma 1ère semaine

1. Est-ce que j'ai réussi à ne pas fumer une seule cigarette pendant toute cette première semaine?

❑ Oui ❑ Non

2. Si j'ai failli à ma décision, quelle en a été la circonstance?

_____

_____

_____

_____

_____

_____

_____

3. Malgré ce qui a pu arriver,
est-ce que je suis décidé, quand même, à poursuivre pour atteindre mon but?

❑ Oui ❑ Non

Quelle est la motivation qui doit m'inciter à ne plus flancher?

_____

_____

_____

_____

_____

_____

_____

4. Comment vais-je agir la prochaine fois?

_____

_____

_____

_____

_____

_____

_____

5. Si rien de cela n'est arrivé — et si c'est arrivé, malgré cela —, est-ce que je considère avoir amélioré mon attitude, corrigé ma mauvaise habitude?

_____

_____

_____

_____

_____

_____

6. Rien ni personne n'est parfait, mais je sais que je peux m'améliorer. C'est de cette façon que je le ferai dorénavant :

_____

_____

_____

_____

_____

_____

Jour 8

1. JE PRENDS CONSCIENCE

Dès mon réveil, je prends conscience que j'ai un défi à relever, mais je sais aussi — j'en suis intimement convaincu — que je le relèverai avec succès.

Je dis à voix forte : **Aujourd'hui, je m'occupe de la personne la plus importante au monde : moi.**

2. JE ME MOTIVE

Voilà sept jours que je réussis à ne pas allumer et fumer de cigarettes. Je suis heureux.

Avant ce premier jour où j'ai cessé de fumer, si je me fie à mon Journal de bord, je fumais _____ cigarettes. Aujourd'hui, j'en ai fumé _____.

Je me sens de mieux en mieux dans ma peau.

Je décris mes véritables sentiments, en détail :

_____

_____

_____

_____

_____

_____

Je souligne un nouvel effet que je ressens à avoir cessé de fumer.

_____

3. JE VAIS ATTEINDRE MON BUT

Je n'ai pas encore réussi de cesser de fumer pendant assez de temps pour pouvoir dire que je suis sûr de moi. Je sais que j'ai encore des choses à corriger, des mauvaises habitudes à me débarrasser.

J'en précise deux :
la première attitude est physique (*exemple : je ne fais pas assez d'exercices; dorénavant, je ferai une marche à tous les jours*) :

_____

la seconde attitude est psychologique (*exemple : j'ai le goût de fumer lorsque je me sens nerveux; dorénavant, j'essaierai de mieux contrôler mes émotions et me trouverai une meilleure façon pour me détendre*) :

_____

4. JE ME RÉCOMPENSE

Lorsque j'arriverai à la fin de la journée, sans avoir fumé, je m'accorderai un « petit plaisir »; celui-ci sera :

_____

5. JE MÉDITE CETTE PENSÉE

« *Le cerveau est plus spacieux que le ciel.* »

— Emily Dickinson

6. J'IDENTIFIE MES DIFFICULTÉS

Il est possible — pas nécessairement obligatoire — que j'aie vécu des moments difficiles aujourd'hui; si tel a été le cas, j'ai probablement ressenti des émotions négatives. Je les décris :

_____

Pour éviter qu'une telle situation ne se reproduise à l'avenir, je me dis — et je répète dans la journée :

_____

_____

_____

7. J'AI PENSÉ À MOI

Il est essentiel que je pense à moi, que je m'accorde le temps nécessaire pour me livrer aux activités que j'aime. Je fais ici le bilan de ma journée :

LECTURE

J'y ai consacré _____ minutes. Est-ce que cela m'a satisfait?

❑ Oui ❑ Non

DÉTENTE

J'y ai consacré _____ minutes. Est-ce que cela m'a satisfait?

❑ Oui ❑ Non

ACTIVITÉS DIVERSES

J'y ai consacré _____ minutes. Est-ce que cela m'a satisfait?

❑ Oui ❑ Non

PROGRAMMATION MENTALE

J'y ai consacré _____ minutes. Est-ce que cela m'a satisfait?

❑ Oui ❑ Non

8. JE ME DOIS DE CORRIGER

Une façon d'être ou quelque chose que j'ai fait et que j'identifie ici :

_____

_____

9. JE FAIS LE BILAN DE MA JOURNÉE

Je souligne au moins **une** raison que j'ai d'être fier de moi aujourd'hui.

_____

_____

Il y a la cigarette...
Mais au-delà de celle-ci,
est-ce que je fais suffisamment d'exercice?

Pour cette deuxième semaine,
une seule résolution :
faire une marche de vingt minutes par jour.

Jour 9

1. JE PRENDS CONSCIENCE

Dès mon réveil, je prends conscience que j'ai un défi à relever, mais je sais aussi — j'en suis intimement convaincu — que je le relèverai avec succès.

Je dis à voix forte : ***Aujourd'hui, j'ai décidé de passer outre les remarques moqueuses ou désobligeantes que l'on pourrait me faire et je tiens ma décision.***

2. JE ME MOTIVE

Voilà huit jours que je réussis à ne pas allumer et fumer de cigarettes. Je suis heureux.

Avant ce premier jour où j'ai cessé de fumer, si je me fie à mon Journal de bord, je fumais _____ cigarettes. Aujourd'hui, j'en ai fumé _____ .

Je me sens de mieux en mieux dans ma peau.

Je décris mes véritables sentiments, en détail :

_____

_____

Je souligne un nouvel effet que je ressens à avoir cessé de fumer.

_____

_____

3. JE VAIS ATTEINDRE MON BUT

Je n'ai pas encore réussi de cesser de fumer pendant assez de temps pour pouvoir dire que je suis sûr de moi. Je sais que j'ai encore des choses à corriger, des mauvaises habitudes à me débarrasser.

J'en précise deux :
la première attitude est physique :

_____

la seconde attitude est psychologique :

_____

Je me suis peut-être fixé un autre but précis pour cette semaine, si c'est le cas, je le note (*exemple : je consacrerai plus de temps à ma famille*) :

_____

4. JE ME RÉCOMPENSE

Lorsque j'arriverai à la fin de la journée, sans avoir fumé, je m'accorderai un « petit plaisir » ; celui-ci sera :

_____

5. JE MÉDITE CETTE PENSÉE

« *Tout est trop cher quand on n'en a pas besoin.* »

— James Joyce

6. J'IDENTIFIE MES DIFFICULTÉS

Il est possible — pas nécessairement obligatoire — que j'aie vécu des moments difficiles aujourd'hui ; si tel a été le cas, j'ai probablement ressenti des émotions négatives. Je les décris :

_____

_____

Pour éviter qu'une telle situation ne se reproduise à l'avenir, je me dis — et je répète dans la journée :

_____

_____

7. J'AI PENSÉ À MOI

Il est essentiel que je pense à moi, que je m'accorde le temps nécessaire pour me livrer aux activités que j'aime. Je fais ici le bilan de ma journée :

LECTURE

J'y ai consacré _____ minutes. Est-ce que cela m'a satisfait?

❑ Oui ❑ Non

DÉTENTE

J'y ai consacré _____ minutes. Est-ce que cela m'a satisfait?

❑ Oui ❑ Non

ACTIVITÉS DIVERSES

J'y ai consacré _____ minutes. Est-ce que cela m'a satisfait?

❑ Oui ❑ Non

PROGRAMMATION MENTALE

J'y ai consacré _____ minutes. Est-ce que cela m'a satisfait?

❑ Oui ❑ Non

8. JE ME DOIS DE CORRIGER

Une façon d'être ou quelque chose que j'ai fait et que j'identifie ici :

_____

9. JE FAIS LE BILAN DE MA JOURNÉE

Je souligne au moins **une** raison que j'ai d'être fier de moi aujourd'hui.

_____

Je fais un petit inventaire
à propos de mon alimentation...

1er point
Est-ce que je mange suffisamment de fruits et de légumes pour ne pas souffrir de carence vitaminique?

❑ Oui ❑ Non

Question :
Est-ce que je mange vraiment (au moins) quatre portions de fruits et quatre portions de légumes par jour?

❑ Oui ❑ Non

Est-ce que je n'ai pas quelque chose à corriger...

❑ Oui ❑ Non

Jour 10

1. JE PRENDS CONSCIENCE

Dès mon réveil, je prends conscience que j'ai un défi à relever, mais je sais aussi — j'en suis intimement convaincu — que je le relèverai avec succès.

Je dis à voix forte : *Aujourd'hui, je sais qu'il va m'arriver de belles et bonnes choses...*

2. JE ME MOTIVE

Voilà neuf jours que je réussis à ne pas allumer et fumer de cigarettes. Je suis heureux.

Avant ce premier jour où j'ai cessé de fumer, si je me fie à mon Journal de bord, je fumais _____ cigarettes. Aujourd'hui, j'en ai fumé _____ . C'est ce qu'on appelle un bilan intéressant, non?

Je me sens de mieux en mieux dans ma peau.

Je ressens de véritables avantages à avoir cessé de fumer; je les note :

_____

_____

_____

_____

3. JE VAIS ATTEINDRE MON BUT

Je n'ai pas encore réussi de cesser de fumer pendant assez de temps pour pouvoir dire que je suis sûr de moi. Je sais que j'ai encore des choses à corriger, des mauvaises habitudes à me débarrasser.

J'en précise deux :

la première attitude est physique :

_____

la seconde attitude est psychologique :

_____

Je me suis fixé un autre but précis pour cette semaine, je le réécris une nouvelle fois :

_____

4. JE ME RÉCOMPENSE

Lorsque j'arriverai à la fin de la journée, sans avoir fumé, je m'accorderai un « petit plaisir » ; celui-ci sera :

_____

5. JE MÉDITE CETTE PENSÉE
« Que sait-il celui qui n'a pas été tenté ? »

— L'Ecclésiaste

6. J'IDENTIFIE MES DIFFICULTÉS

Il est possible — pas nécessairement obligatoire — que j'aie vécu des moments difficiles aujourd'hui ; si tel a été le cas, j'ai probablement ressenti des émotions négatives. Je les décris :

_____

_____

Pour éviter qu'une telle situation ne se reproduise à l'avenir, je me dis — et je répète dans la journée :

_____

_____

_____

7. J'AI PENSÉ À MOI

Il est essentiel que je pense à moi, que je m'accorde le temps nécessaire pour me livrer aux activités que j'aime. Je fais ici le bilan de ma journée :

LECTURE

J'y ai consacré _____ minutes. Est-ce que cela m'a satisfait?

❑ Oui   ❑ Non

DÉTENTE

J'y ai consacré _____ minutes. Est-ce que cela m'a satisfait?

❑ Oui   ❑ Non

ACTIVITÉS DIVERSES

J'y ai consacré _____ minutes. Est-ce que cela m'a satisfait?

❑ Oui   ❑ Non

PROGRAMMATION MENTALE

J'y ai consacré _____ minutes. Est-ce que cela m'a satisfait?

❑ Oui   ❑ Non

8. JE ME DOIS DE CORRIGER

Une façon d'être ou quelque chose que j'ai fait et que j'identifie ici :

_____

9. JE FAIS LE BILAN DE MA JOURNÉE

Je souligne au moins **une** raison que j'ai d'être fier de moi aujourd'hui.

_____

_____

Je poursuis mon petit inventaire à propos de mon alimentation...

2e point

Suis-je certain de ne pas manquer de vitamine C?

❑ Oui   ❑ Non

Suis-je certain de ne pas manquer de vitamine E?

❑ Oui   ❑ Non

Suis-je certain de ne pas manquer de sélénium?

❑ Oui   ❑ Non

Est-ce que je ne devrais pas le demander à mon médecin?

Est-ce que je ne devrais pas prendre un supplément alimentaire?

Jour 11

1. JE PRENDS CONSCIENCE

Dès mon réveil, je prends conscience que j'ai un défi à relever, mais je sais aussi — j'en suis intimement convaincu — que je le relèverai avec succès.

Je dis à voix forte : *Aujourd'hui, je me sens prêt à déplacer des montagnes!*

2. JE ME MOTIVE

Voilà dix jours que je réussis à ne pas allumer et fumer de cigarettes. Je suis heureux.

Si je fumais un paquet de cigarettes par jour, quand j'ai cessé de fumer, j'ai évité à mon organisme de ressentir les effets de 250 cigarettes! Et si je fumais deux paquets, c'est 500 cigarettes que je n'ai pas fumées!

Définitivement, je me sens bien dans ma peau.

J'ai réussi presque la moitié du programme : je suis sur la voie de la réussite.

Je note mes sentiments devant mon succès :

_____

_____

_____

3. JE VAIS ATTEINDRE MON BUT

J'ai une bonne partie du chemin de parcouru et ça a été plutôt bien. Mais je ne dois pas cesser de m'améliorer pour autant. J'ai encore des choses à améliorer. Parmi celles-là, j'en précise deux :

la première attitude est physique :

_____

la seconde attitude est psychologique :

_____

Je me suis fixé un autre but précis pour cette semaine, je le
réécris encore :

_____

4. JE ME RÉCOMPENSE
Lorsque j'arriverai à la fin de la journée, sans avoir fumé, je
m'accorderai un « petit plaisir » ; celui-ci sera :

_____

5. JE MÉDITE CETTE PENSÉE
« Vivre, c'est voir toutes les bêtises qu'on a faites la veille. »
— José Guimaraes-Rosa

6. J'IDENTIFIE MES DIFFICULTÉS
Il est possible — pas nécessairement obligatoire — que j'aie
vécu des moments difficiles aujourd'hui ; si tel a été le cas,
j'ai probablement ressenti des émotions négatives. Je les
décris :

_____

_____

Pour éviter qu'une telle situation ne se reproduise à
l'avenir, je me dis — et je répète dans la journée :

_____

_____

_____

7. J'AI PENSÉ À MOI
Il est essentiel que je pense à moi, que je m'accorde le
temps nécessaire pour me livrer aux activités que j'aime. Je
fais ici le bilan de ma journée :
LECTURE
J'y ai consacré _____ minutes. Est-ce que cela m'a satisfait?
❑ Oui   ❑ Non

DÉTENTE

J'y ai consacré _____ minutes. Est-ce que cela m'a satisfait?

❑ Oui ❑ Non

ACTIVITÉS DIVERSES

J'y ai consacré _____ minutes. Est-ce que cela m'a satisfait?

❑ Oui ❑ Non

PROGRAMMATION MENTALE

J'y ai consacré _____ minutes. Est-ce que cela m'a satisfait?

❑ Oui ❑ Non

8. JE ME DOIS DE CORRIGER

Une façon d'être ou quelque chose que j'ai fait et que j'identifie ici :

_____

_____

9. JE FAIS LE BILAN DE MA JOURNÉE

Je souligne au moins **une** raison que j'ai d'être fier de moi aujourd'hui.

_____

_____

Je poursuis mon petit inventaire à propos de mon alimentation...

3e point

Suis-je certain de ne pas manquer de vitamine B12, de calcium et de fibres alimentaires?

❑ Oui ❑ Non

Est-ce que j'agis vraiment de façon à réduire ma consommation de gras?

❑ Oui ❑ Non

C'est moi seul qui suis responsable de mon corps. C'est moi qui paierai les conséquences de mes erreurs...

Jour 12

1. JE PRENDS CONSCIENCE

Dès mon réveil, je prends conscience que j'ai un défi à relever, mais je sais aussi — j'en suis intimement convaincu — que je le relèverai avec succès.

Je dis à voix forte : **Aujourd'hui, je choisis de ne faire que les choses dont je sais qu'elles seront bonnes pour moi.**

2. JE ME MOTIVE

Voilà onze jours que je réussis à ne pas allumer et fumer de cigarettes. Je suis heureux.

Je me dirige en ligne droite vers mon but — je suis convaincu que je vais l'atteindre. J'ai plus que la moitié du chemin de parcouru.

Je me sens de mieux en mieux dans ma peau.

Je note la différence de mon état d'esprit actuel avec celui qui était le mien avant que je cesse de fumer :

_____

_____

_____

3. JE VAIS ATTEINDRE MON BUT

Le stress, l'anxiété, la nervosité sont probablement des choses qui minent mon moral, qui affaiblissent ma volonté. Je me dois de trouver un véritable équilibre. Pour y parvenir, je sais que je dois changer certaines attitudes que j'ai.

J'en précise deux :

la première attitude est physique :

_____

la seconde attitude est psychologique :

_____

Je me rappelle le but fixé pour cette semaine :

_____

4. JE ME RÉCOMPENSE

Lorsque j'arriverai à la fin de la journée, sans avoir fumé, je m'accorderai un « petit plaisir » ; celui-ci sera :

_____

5. JE MÉDITE CETTE PENSÉE

« Les hommes croient ce qu'ils désirent. »

— Jules César

6. J'IDENTIFIE MES DIFFICULTÉS

Il est possible — pas nécessairement obligatoire — que j'aie vécu des moments difficiles aujourd'hui ; si tel a été le cas, j'ai probablement ressenti des émotions négatives. Je les décris :

_____

_____

Pour éviter qu'une telle situation ne se reproduise à l'avenir, je me dis — et je répète dans la journée :

_____

_____

_____

7. J'AI PENSÉ À MOI

Il est essentiel que je pense à moi, que je m'accorde le temps nécessaire pour me livrer aux activités que j'aime. Je fais ici le bilan de ma journée :

LECTURE

J'y ai consacré _____ minutes. Est-ce que cela m'a satisfait?

❑ Oui   ❑ Non

DÉTENTE

J'y ai consacré _____ minutes. Est-ce que cela m'a satisfait?

❑ Oui   ❑ Non

ACTIVITÉS DIVERSES

J'y ai consacré _____ minutes. Est-ce que cela m'a satisfait?

❑ Oui   ❑ Non

PROGRAMMATION MENTALE

J'y ai consacré _____ minutes. Est-ce que cela m'a satisfait?

❑ Oui   ❑ Non

8. JE ME DOIS DE CORRIGER

Une façon d'être ou quelque chose que j'ai fait et que j'identifie ici :

_____

_____

9. JE FAIS LE BILAN DE MA JOURNÉE

Je souligne au moins **une** raison que j'ai d'être fier de moi aujourd'hui.

_____

_____

Je dois vaincre mon stress...
Je ne dois pas me morfondre...

J'ai décidé de cesser de fumer,
mais est-ce que cela doit m'empêcher de vivre?

Au contraire, cela doit m'inciter à vivre
de façon plus dynamique encore!

Je décide, aujourd'hui,
de rencontrer des amis...
de m'accorder du bon temps...
de prendre la vie du bon côté...

124

Jour 13

1. JE PRENDS CONSCIENCE

Dès mon réveil, je prends conscience que j'ai un défi à relever, mais je sais aussi — j'en suis intimement convaincu — que je le relèverai avec succès.

Je dis à voix forte : **Aujourd'hui, je dis bonjour à la vie qui me sourit de plus en plus.**

2. JE ME MOTIVE

Voilà douze jours que je réussis à ne pas allumer et fumer de cigarettes. Je suis heureux.

Définitivement, je me sens bien dans ma peau.

Je suis sur la voie de la réussite.

Je note mes sentiments devant mon succès.

_____

_____

_____

_____

_____

3. JE VAIS ATTEINDRE MON BUT

J'ai une bonne partie du chemin de parcouru et ça a été plutôt bien. Mais je ne dois pas cesser de m'améliorer pour autant. J'ai encore des choses à améliorer. Parmi celles-là, j'en précise deux :

la première attitude est physique :

_____

la seconde attitude est psychologique :

_____

Je me suis fixé un autre but précis pour cette semaine, je le réécris encore :

_____

4. JE ME RÉCOMPENSE

Lorsque j'arriverai à la fin de la journée, sans avoir fumé, je m'accorderai un « petit plaisir » ; celui-ci sera :

_____

5. JE MÉDITE CETTE PENSÉE

« *Le corps est le temple de l'esprit.* »

— Saint Paul

6. J'IDENTIFIE MES DIFFICULTÉS

Il est possible — pas nécessairement obligatoire — que j'aie vécu des moments difficiles aujourd'hui ; si tel a été le cas, j'ai probablement ressenti des émotions négatives. Je les décris :

_____

_____

Pour éviter qu'une telle situation ne se reproduise à l'avenir, je me dis — et je répète dans la journée :

_____

_____

_____

_____

7. J'AI PENSÉ À MOI

Il est essentiel que je pense à moi, que je m'accorde le temps nécessaire pour me livrer aux activités que j'aime. Je fais ici le bilan de ma journée :

LECTURE

J'y ai consacré _____ minutes. Est-ce que cela m'a satisfait?

❑ Oui   ❑ Non

DÉTENTE

J'y ai consacré _____ minutes. Est-ce que cela m'a satisfait?

❑ Oui   ❑ Non

ACTIVITÉS DIVERSES

J'y ai consacré _____ minutes. Est-ce que cela m'a satisfait?

❑ Oui   ❑ Non

PROGRAMMATION MENTALE

J'y ai consacré _____ minutes. Est-ce que cela m'a satisfait?

❑ Oui   ❑ Non

8. JE ME DOIS DE CORRIGER

Une façon d'être ou quelque chose que j'ai fait et que j'identifie ici :

_____

_____

9. JE FAIS LE BILAN DE MA JOURNÉE

Je souligne au moins **une** raison que j'ai d'être fier de moi aujourd'hui.

_____

_____

Je dois accepter la tentation...

Après toutes ces années au cours desquelles j'ai fumé,
il est normal que, par moments, je sois tenté.
Mais tenter ne veut pas dire... céder à la tentation.

Lorsque la tentation survient,
je n'ai qu'à m'appuyer sur mes proches,
qui m'encouragent à «tenir bon».

Je ne dois jamais hésiter à demander de l'aide.

Jour 14

1. JE PRENDS CONSCIENCE
Dès mon réveil, je prends conscience que j'ai un défi à relever, mais je sais aussi — j'en suis intimement convaincu — que je le relèverai avec succès.
Je dis à voix forte : **Aujourd'hui, je m'occupe de moi — juste de moi. Je le mérite!**

2. JE ME MOTIVE
Voilà treize jours que je réussis à ne pas allumer et fumer de cigarettes. Je suis heureux.
Définitivement, je me sens bien dans ma peau.
Je suis sur la voie de la réussite.
Je note mes sentiments devant mon succès.

_____

_____

_____

_____

_____

_____

_____

3. JE VAIS ATTEINDRE MON BUT
J'ai une bonne partie du chemin de parcouru et ça a été plutôt bien. Mais je ne dois pas cesser de m'améliorer pour autant. J'ai encore des choses à améliorer. Parmi celles-là, j'en précise deux :
la première attitude est physique :

_____

la seconde attitude est psychologique :

_____

Je me suis fixé un autre but précis pour cette semaine, je le réécris encore :

---

4. JE ME RÉCOMPENSE

Lorsque j'arriverai à la fin de la journée, sans avoir fumé, je m'accorderai un « petit plaisir » ; celui-ci sera :

---

5. JE MÉDITE CETTE PENSÉE

« *Les plus courtes erreurs sont toujours les meilleures.* »

— Molière

6. J'IDENTIFIE MES DIFFICULTÉS

Il est possible — pas nécessairement obligatoire — que j'aie vécu des moments difficiles aujourd'hui ; si tel a été le cas, j'ai probablement ressenti des émotions négatives. Je les décris :

Pour éviter qu'une telle situation ne se reproduise à l'avenir, je me dis — et je répète dans la journée :

---

7. J'AI PENSÉ À MOI

Il est essentiel que je pense à moi, que je m'accorde le temps nécessaire pour me livrer aux activités que j'aime. Je fais ici le bilan de ma journée :

LECTURE
J'y ai consacré _____ minutes. Est-ce que cela m'a satisfait?
❑ Oui   ❑ Non

DÉTENTE
J'y ai consacré _____ minutes. Est-ce que cela m'a satisfait?
❑ Oui   ❑ Non

ACTIVITÉS DIVERSES
J'y ai consacré _____ minutes. Est-ce que cela m'a satisfait?
❑ Oui   ❑ Non

PROGRAMMATION MENTALE
J'y ai consacré _____ minutes. Est-ce que cela m'a satisfait?
❑ Oui   ❑ Non

8. JE ME DOIS DE CORRIGER

Une façon d'être ou quelque chose que j'ai fait et que j'identifie ici :

_____

_____

9. JE FAIS LE BILAN DE MA JOURNÉE

Je souligne au moins **une** raison que j'ai d'être fier de moi aujourd'hui.

_____

_____

Je peux céder à la tentation...

Après tout, ça fait deux semaines que je ne fume pas...
Après tout, juste une cigarette, ça ne peut pas me nuire...
Après tout, ça va me permettre de décompresser...
Après tout, ça va peut-être me redonner un meilleur caractère...
Après tout... tout le monde fume...
Croyez-vous vraiment à ces « excuses »?
Ne sont-elles pas de « fausses » excuses?

Allez! Tenez bon : le plus difficile est fait!

Résumé de ma deuxième semaine

1. Est-ce que j'ai réussi à ne pas fumer une seule cigarette pendant cette deuxième semaine?

❑ Oui   ❑ Non

2. Si j'ai failli à ma décision,
quelle en a été la circonstance?

_____

_____

_____

_____

3. Malgré ce qui a pu arriver, est-ce que je suis décidé, quand même, à poursuivre pour atteindre mon but?

❑ Oui   ❑ Non

Quelle est la motivation qui doit m'inciter à ne plus flancher?

_____

_____

_____

_____

4. Comment vais-je agir la prochaine fois?

_____

_____

_____

_____

5. Si rien de cela n'est arrivé — et si c'est arrivé, malgré cela —, est-ce que je considère avoir amélioré mon attitude, corrigé ma mauvaise habitude?

_____

_____

_____

_____

6. Est-ce que j'ai atteint le but particulier que je m'étais fixé pour cette semaine?

❑ Oui   ❑ Non

7. Rien ni personne n'est parfait, mais je sais que que je peux m'améliorer. C'est de cette façon que je le ferai dorénavant :

_____

_____

_____

_____

Jour 15

1. JE PRENDS CONSCIENCE

Dès mon réveil, je prends conscience que j'ai un défi à relever, mais je sais aussi — j'en suis intimement convaincu — que je le relèverai avec succès.

Je dis à voix forte : **Aujourd'hui, je vais faire quelque chose pour me faire plaisir.**

2. JE ME MOTIVE

J'ai réussi les deux tiers du programme. Plus qu'une semaine et je pourrai définitivement dire que j'ai adopté de nouvelles attitudes de vie et... une nouvelle attitude vis-à-vis de la vie.

Je me sens bien dans ma peau.

Je touche à la réussite.

Je note mes sentiments à quelques jours de fêter mon succès.

_____

_____

_____

3. JE VAIS ATTEINDRE MON BUT

J'ai une bonne partie du chemin de parcouru et ça a été plutôt bien. Mais je ne dois pas cesser de m'améliorer pour autant. J'ai encore des choses à améliorer. Des attitudes qui m'agacent, des attitudes à corriger.

Je les écris, pour les garder bien présentes à l'esprit :

_____

_____

4. JE ME RÉCOMPENSE

Lorsque j'arriverai à la fin de la journée, sans avoir fumé, je m'accorderai un « petit plaisir » ; celui-ci sera :

_____

_____

5. JE MÉDITE CETTE PENSÉE

« Faire confiance est une preuve de courage ; être fidèle un signe de force. »

— Marie von Ebner-Eschenbach

6. J'IDENTIFIE MES DIFFICULTÉS

Il est possible — pas nécessairement obligatoire — que j'aie vécu des moments difficiles aujourd'hui ; si tel a été le cas, j'ai probablement ressenti des émotions négatives. Je les décris :

_____

_____

Pour éviter qu'une telle situation ne se reproduise à l'avenir, je me dis — et je répète dans la journée :

_____

_____

_____

7. J'AI PENSÉ À MOI

Il est essentiel que je pense à moi, que je m'accorde le temps nécessaire pour me livrer aux activités que j'aime. Je fais ici le bilan de ma journée :

LECTURE

J'y ai consacré _____ minutes. Est-ce que cela m'a satisfait?

❑ Oui ❑ Non

DÉTENTE

J'y ai consacré _____ minutes. Est-ce que cela m'a satisfait?

❑ Oui ❑ Non

ACTIVITÉS DIVERSES

J'y ai consacré _____ minutes. Est-ce que cela m'a satisfait?

❑ Oui ❑ Non

PROGRAMMATION MENTALE

J'y ai consacré _____ minutes. Est-ce que cela m'a satisfait?

❑ Oui ❑ Non

8. JE ME DOIS DE CORRIGER

Une façon d'être ou quelque chose que j'ai fait et que j'identifie ici :

_____

_____

9. JE FAIS LE BILAN DE MA JOURNÉE

Je souligne au moins **une** raison que j'ai d'être fier de moi aujourd'hui.

_____

_____

Je prends garde aux «saboteurs»,
ça peut être des situations, ça peut être des gens...

J'identifie, par écrit,
quels sont les moments où je suis le plus tenté ;
j'identifie aussi les gens dont la fréquentation
m'incite à vouloir recommencer à fumer.

_____

_____

_____

Je note les noms et les numéros de téléphone
de trois personnes qui sont prêtes à m'encourager
en tout temps.
1. Nom _____ No. _____
2. Nom _____ No. _____
3. Nom _____ No. _____

Jour 16

1. JE PRENDS CONSCIENCE

Dès mon réveil, je prends conscience que j'ai un défi à relever, mais je sais aussi — j'en suis intimement convaincu — que je le relèverai avec succès.

Je dis à voix forte : **Aujourd'hui, je vais faire quelque chose pour me faire plaisir.**

2. JE ME MOTIVE

J'en suis à ma dernière semaine. Ma volonté et ma détermination sont plus fermes que jamais.

Je me sens bien dans ma peau.

Je touche à la réussite.

Je note les sentiments de bien-être qui m'habitent :

_____

_____

_____

3. JE VAIS ATTEINDRE MON BUT

J'ai une bonne partie du chemin de parcouru et ça a été plutôt bien. Mais je ne dois pas cesser de m'améliorer pour autant. J'ai encore des choses à améliorer. Des attitudes qui m'agacent, des attitudes à corriger.

Je les écris, pour les garder bien présentes à l'esprit :

_____

_____

_____

4. JE ME RÉCOMPENSE

Lorsque j'arriverai à la fin de la journée, sans avoir fumé, je m'accorderai un « petit plaisir » ; celui-ci sera :

_____

5. JE MÉDITE CETTE PENSÉE

« *Un désir auquel on se cramponne, un rêve auquel on croit très fort, est déjà une réalité.* »

— Claire France

6. J'IDENTIFIE MES DIFFICULTÉS

Il est possible — pas nécessairement obligatoire — que j'aie vécu des moments difficiles aujourd'hui ; si tel a été le cas, j'ai probablement ressenti des émotions négatives. Je les décris :

_____

_____

Pour éviter qu'une telle situation ne se reproduise à l'avenir, je me dis — et je répète dans la journée :

_____

_____

_____

7. J'AI PENSÉ À MOI

Il est essentiel que je pense à moi, que je m'accorde le temps nécessaire pour me livrer aux activités que j'aime. Je fais ici le bilan de ma journée :

LECTURE

J'y ai consacré _____ minutes. Est-ce que cela m'a satisfait?

❑ Oui ❑ Non

DÉTENTE

J'y ai consacré _____ minutes. Est-ce que cela m'a satisfait?

❑ Oui ❑ Non

ACTIVITÉS DIVERSES

J'y ai consacré _____ minutes. Est-ce que cela m'a satisfait?

❑ Oui ❑ Non

PROGRAMMATION MENTALE

J'y ai consacré _____ minutes. Est-ce que cela m'a satisfait?

❑ Oui ❑ Non

8. JE ME DOIS DE CORRIGER

Une façon d'être ou quelque chose que j'ai fait et que j'identifie ici :

_____

9. JE FAIS LE BILAN DE MA JOURNÉE

Je souligne au moins **une** raison que j'ai d'être fier de moi aujourd'hui.

_____

J'imagine... si je n'avais pas cessé de fumer :
où en serais-je aujourd'hui?
J'identifie, en essayant même de la vivre en émotions, la pire des situations à laquelle j'aurais pu être confronté si je n'avais pas cessé de fumer.
Ça peut être des malaises.
Ça peut être une maladie grave.
Et si la cigarette m'avait cloué sur un lit d'hôpital : comment vivrais-je aujourd'hui?

Je résume cela par écrit.

_____

_____

J'identifie, en essayant même de la vivre en émotions,
la meilleure des situations que je vivrai parce que j'ai cessé de fumer.
Je respire mieux — j'ai plus de souffle.
Je goûte mieux les aliments.
Je me sens plus en forme.
Je me sens mieux dans ma peau.
Je résume cela par écrit.

_____

_____

138

Jour 17

1. JE PRENDS CONSCIENCE

Dès mon réveil, je prends conscience que j'ai un défi à relever, mais je sais aussi — j'en suis intimement convaincu — que je le relèverai avec succès.

Je dis à voix forte : **Aujourd'hui, je vais vivre une très belle journée...**

2. JE ME MOTIVE

J'en suis à ma dernière semaine. Ma volonté et ma détermination sont plus fermes que jamais.

Je me sens bien dans ma peau.

Je touche à la réussite.

Je note les sentiments de bien-être qui m'habitent :

_____

_____

_____

_____

_____

3. JE VAIS ATTEINDRE MON BUT

J'ai une bonne partie du chemin de parcouru et ça a été plutôt bien. Mais je ne dois pas cesser de m'améliorer pour autant. J'ai encore des choses à améliorer. Des attitudes qui m'agacent, des attitudes à corriger.

Je les écris, pour les garder bien présentes à l'esprit :

_____

_____

_____

_____

_____

4. JE ME RÉCOMPENSE

Lorsque j'arriverai à la fin de la journée, sans avoir fumé, je m'accorderai un «petit plaisir»; celui-ci sera :

_____

5. JE MÉDITE CETTE PENSÉE

« La concience est la conséquence du renoncement aux pulsions.»

— Sigmund Freud

6. J'IDENTIFIE MES DIFFICULTÉS

Il est possible — pas nécessairement obligatoire — que j'aie vécu des moments difficiles aujourd'hui; si tel a été le cas, j'ai probablement ressenti des émotions négatives. Je les décris :

_____

_____

Pour éviter qu'une telle situation ne se reproduise à l'avenir, je me dis — et je répète dans la journée :

_____

_____

_____

_____

7. J'AI PENSÉ À MOI

Il est essentiel que je pense à moi, que je m'accorde le temps nécessaire pour me livrer aux activités que j'aime. Je fais ici le bilan de ma journée :

LECTURE

J'y ai consacré _____ minutes. Est-ce que cela m'a satisfait?

❑ Oui ❑ Non

DÉTENTE

J'y ai consacré _____ minutes. Est-ce que cela m'a satisfait?

❑ Oui ❑ Non

140

ACTIVITÉS DIVERSES

J'y ai consacré _____ minutes. Est-ce que cela m'a satisfait?

❑ Oui   ❑ Non

PROGRAMMATION MENTALE

J'y ai consacré _____ minutes. Est-ce que cela m'a satisfait?

❑ Oui   ❑ Non

8. JE ME DOIS DE CORRIGER

Une façon d'être ou quelque chose que j'ai fait et que j'identifie ici :

_____

_____

9. JE FAIS LE BILAN DE MA JOURNÉE

Je souligne au moins **une** raison que j'ai d'être fier de moi aujourd'hui.

_____

_____

Est-ce que j'aie vécu des moments vraiment difficiles?

❑ Oui   ❑ Non

Est-ce que j'ai « grillé » une cigarette?

❑ Oui   ❑ Non

Même si c'est le cas — ça peut arriver, je coche la case qui me concerne :

❑ Je balaie du revers de la main les efforts que j'ai faits

ou

❑ Je choisis de profiter de mes erreurs pour m'améliorer

Je n'oublie jamais que les écueils et les difficultés peuvent m'aider à grandir.

Jour 18

1. JE PRENDS CONSCIENCE

Dès mon réveil, je prends conscience que j'ai un défi à relever, mais je sais aussi — j'en suis intimement convaincu — que je le relèverai avec succès.

Je dis à voix forte : **Aujourd'hui, je continue de me prendre en main comme je le fais depuis 17 jours. Mais je prends conscience que ce que je fais, je le fais parce que je le veux.**

2. JE ME MOTIVE

J'en suis à ma dernière semaine. Ma volonté et ma détermination sont plus fermes que jamais.

Je me sens bien dans ma peau.

Je touche à la réussite.

Je note les sentiments de bien-être qui m'habitent :

_____

_____

_____

3. JE VAIS ATTEINDRE MON BUT

J'ai une bonne partie du chemin de parcouru et ça a été plutôt bien. Mais je ne dois pas cesser de m'améliorer pour autant. J'ai encore des choses à améliorer. Des attitudes qui m'agacent, des attitudes à corriger.

Je les écris, pour les garder bien présentes à l'esprit :

_____

_____

4. JE ME RÉCOMPENSE

Lorsque j'arriverai à la fin de la journée, sans avoir fumé, je m'accorderai un « petit plaisir » ; celui-ci sera :

_____

_____

5. JE MÉDITE CETTE PENSÉE

« *Soyez patient avec tout le monde, mais surtout avec vous-même.* »

— Saint François de Sales

6. J'IDENTIFIE MES DIFFICULTÉS

Il est possible — pas nécessairement obligatoire — que j'aie vécu des moments difficiles aujourd'hui ; si tel a été le cas, j'ai probablement ressenti des émotions négatives. Je les décris :

_____

_____

Pour éviter qu'une telle situation ne se reproduise à l'avenir, je me dis — et je répète dans la journée :

_____

_____

_____

7. J'AI PENSÉ À MOI

Il est essentiel que je pense à moi, que je m'accorde le temps nécessaire pour me livrer aux activités que j'aime. Je fais ici le bilan de ma journée :

LECTURE

J'y ai consacré _____ minutes. Est-ce que cela m'a satisfait?

❑ Oui ❑ Non

DÉTENTE

J'y ai consacré _____ minutes. Est-ce que cela m'a satisfait?

❑ Oui ❑ Non

ACTIVITÉS DIVERSES

J'y ai consacré _____ minutes. Est-ce que cela m'a satisfait?

❑ Oui ❑ Non

PROGRAMMATION MENTALE

J'y ai consacré _____ minutes. Est-ce que cela m'a satisfait?

❑ Oui ❑ Non

8. JE ME DOIS DE CORRIGER
Une façon d'être ou quelque chose que j'ai fait et que j'identifie ici :

_____

9. JE FAIS LE BILAN DE MA JOURNÉE
Je souligne au moins **une** raison que j'ai d'être fier de moi aujourd'hui.

_____

J'ai cessé de fumer. J'ai presque gagné mon pari.

Mais est-ce que j'ai réussi, aussi, à maintenir mon poids?
❑ Oui   ❑ Non

Si oui, eh bien : je me félicite!
Si non, pourquoi?

Est-ce que j'ai surveillé mon alimentation?
❑ Oui   ❑ Non
Est-ce que j'ai fait un peu plus d'exercices?
❑ Oui   ❑ Non

Je le constate : le résultat que j'ai obtenu ne dépend que de moi...

Jour 19

1. JE PRENDS CONSCIENCE

Dès mon réveil, je prends conscience que j'ai un défi à relever, mais je sais aussi — j'en suis intimement convaincu — que je le relèverai avec succès.

Je dis à voix forte : **Aujourd'hui, je réalise plus que jamais que je suis tout tout près de mon but...**

2. JE ME MOTIVE

J'en suis à mes tout derniers jours du programme. Ma volonté et ma détermination sont plus fermes que jamais. J'en suis convaincu. Rien ni personne ne me fera en déroger.

Je suis fier de ce que j'ai réussi.

Je me sens bien dans ma peau.

Je touche à la réussite.

Je note les changements qui se sont opérés en moi depuis que j'ai cessé de fumer :

_____

_____

_____

3. JE VAIS ATTEINDRE MON BUT

J'ai une bonne partie du chemin de parcouru et ça a été plutôt bien. Mais je ne dois pas cesser de m'améliorer pour autant. J'ai encore des choses à améliorer. Des attitudes qui m'agacent, des attitudes à corriger.

Je les écris, pour les garder bien présentes à l'esprit :

_____

_____

_____

4. JE ME RÉCOMPENSE

Lorsque j'arriverai à la fin de la journée, sans avoir fumé, je m'accorderai un « petit plaisir » ; celui-ci sera :

_____

5. JE MÉDITE CETTE PENSÉE

« Tout est un moyen, même l'obstacle. »

— Ibn Séoud

6. J'IDENTIFIE MES DIFFICULTÉS

Il est possible — pas nécessairement obligatoire — que j'aie vécu des moments difficiles aujourd'hui ; si tel a été le cas, j'ai probablement ressenti des émotions négatives. Je les décris :

_____

_____

_____

Pour éviter qu'une telle situation ne se reproduise à l'avenir, je me dis — et je répète dans la journée :

_____

_____

_____

7. J'AI PENSÉ À MOI

Il est essentiel que je pense à moi, que je m'accorde le temps nécessaire pour me livrer aux activités que j'aime. Je fais ici le bilan de ma journée :

LECTURE

J'y ai consacré _____ minutes. Est-ce que cela m'a satisfait?

❑ Oui ❑ Non

DÉTENTE

J'y ai consacré _____ minutes. Est-ce que cela m'a satisfait?

❑ Oui ❑ Non

ACTIVITÉS DIVERSES
J'y ai consacré _____ minutes. Est-ce que cela m'a satisfait?

❑ Oui   ❑ Non

PROGRAMMATION MENTALE
J'y ai consacré _____ minutes. Est-ce que cela m'a satisfait?

❑ Oui   ❑ Non

8. JE ME DOIS DE CORRIGER
Une façon d'être ou quelque chose que j'ai fait et que j'identifie ici :

_____

_____

9. JE FAIS LE BILAN DE MA JOURNÉE
Je souligne au moins **une** raison que j'ai d'être fier de moi aujourd'hui.

_____

_____

Je ne fume plus :
mais ai-je renoncé
vraiment — et définitivement —
à la cigarette?

Si je ne suis pas convaincu que c'est définitivement,
je me répète cinq, dix fois par jour:
«J'ai fumé, j'ai aimé fumer; j'ai cessé de fumer
et je suis heureux que cette habitude en soit
une du passé.
Jamais plus je ne fumerai.
J'en suis convaincu.»

Jour 20

1. JE PRENDS CONSCIENCE

Dès mon réveil, je prends conscience que j'ai un défi à relever, mais je sais aussi — j'en suis intimement convaincu — que je le relèverai avec succès.

Je dis à voix forte : *Aujourd'hui, je m'assume comme non-fumeur ; je réalise d'ailleurs que je n'ai jamais fumé par __goût__.*

2. JE ME MOTIVE

J'en suis à la veille de la dernière journée du programme. Je ne me questionne même plus sur ma volonté et ma détermination.

Je ressens un équilibre et une forme que je n'aurais jamais connus si j'avais continué de fumer.

Je reconnais plein d'avantages au fait d'avoir cessé de fumer ; j'en précise 5 :

_____

_____

_____

3. JE SUIS À LA VEILLE D'ATTEINDRE MON BUT

Je suis heureux et satisfait de ce que j'ai accompli. Bien sûr, je le sais, j'ai encore des choses à améliorer. Des attitudes qui m'agacent, des attitudes à corriger.

J'écris les deux principales attitudes qui me nuisent.

Une attitude qui touche l'aspect physique :

_____

_____

Une attitude qui touche l'aspect psychologique :

_____

_____

4. JE ME RÉCOMPENSE

Lorsque j'arriverai à la fin de la journée, sans avoir fumé, je m'accorderai un « petit plaisir » ; celui-ci sera :

_____

_____

_____

5. JE MÉDITE CETTE PENSÉE

« *La victoire aime l'effort.* »

— Catulle

6. J'IDENTIFIE MES DIFFICULTÉS

Il est possible — pas nécessairement obligatoire — que j'aie vécu des moments difficiles aujourd'hui ; si tel a été le cas, j'ai probablement ressenti des émotions négatives. Je les décris :

_____

_____

_____

Pour éviter qu'une telle situation ne se reproduise à l'avenir, je me dis — et je répète dans la journée :

_____

_____

_____

_____

7. J'AI PENSÉ À MOI

Il est essentiel que je pense à moi, que je m'accorde le temps nécessaire pour me livrer aux activités que j'aime. Je fais ici le bilan de ma journée :

LECTURE

J'y ai consacré _____ minutes. Est-ce que cela m'a satisfait?

❑ Oui ❑ Non

DÉTENTE

J'y ai consacré _____ minutes. Est-ce que cela m'a satisfait?

❑ Oui   ❑ Non

ACTIVITÉS DIVERSES

J'y ai consacré _____ minutes. Est-ce que cela m'a satisfait?

❑ Oui   ❑ Non

PROGRAMMATION MENTALE

J'y ai consacré _____ minutes. Est-ce que cela m'a satisfait?

❑ Oui   ❑ Non

8. JE ME DOIS DE CORRIGER

Une façon d'être ou quelque chose que j'ai fait et que j'identifie ici :

_____

_____

9. JE FAIS LE BILAN DE MA JOURNÉE

Je souligne au moins **une** raison que j'ai d'être fier de moi aujourd'hui.

_____

_____

J'ai réussi le programme pour cesser de fumer. Je me félicite!
Mais est-ce que je suis en mesure de continuer à ne pas fumer, sans obtenir de l'aide d'une façon ou d'une autre?
Est-ce que je n'ai pas besoin d'un « outil » pour continuer?

❑ Oui   ❑ Non

Je ne dois pas me gêner
d'avoir recours à ce que l'on m'offre,
pour persévérer dans mon effort.
Il y a plein de moyens qui peuvent m'aider
si je ne suis pas certain de moi...

150

Jour 21

1. JE PRENDS CONSCIENCE

Dès mon réveil, je prends conscience que j'ai relevé le défi que je m'étais donné, mais je sais aussi — j'en suis intimement convaincu — que je le continuerai à le relever tous les jours.

Je dis à voix forte : **Aujourd'hui, je reconnais avoir réussi à cesser de fumer. La bataille n'est pas finie, mais je sais que je l'ai gagnée!**

2. JE ME MOTIVE

Dernière journée du programme. Je ne me questionne même plus sur ma volonté et ma détermination.

Je ressens un équilibre et une forme que je n'aurais jamais connus si j'avais continué de fumer.

Je reconnais plein d'avantages au fait d'avoir cessé de fumer ; j'en précise 10 :

_____

_____

_____

_____

3. J'AI ATTEINT MON BUT

Je suis heureux et satisfait de ce que j'ai accompli. Bien sûr, je le sais, j'ai encore des choses à améliorer — j'en aurai toujours. Des manies, des attitudes et des comportements. L'essentiel c'est que je reste déterminé dans ce que j'ai accompli.

J'écris les deux principales attitudes qui me nuisent.

La principale chose, sur le plan physique, sur laquelle j'aurai à travailler est :

_____

La principale chose, sur le plan psychologique, sur le plan des attitudes, sur laquelle j'aurai à travailler est :

_____

_____

4. JE ME RÉCOMPENSE

Lorsque j'arriverai à la fin de la journée, sans avoir fumé, je m'accorderai un « petit plaisir » ; celui-ci sera :

_____

_____

5. JE MÉDITE CETTE PENSÉE

«Qui est-ce qui n'a jamais fait d'erreurs? Le pire, c'est qu'on les fait souvent simplement pour ne pas donner l'impression qu'on en fera...»

— John K. Harrison

6. J'IDENTIFIE MES DIFFICULTÉS

Il est possible — pas nécessairement obligatoire — que j'aie vécu des moments difficiles aujourd'hui ; si tel a été le cas, j'ai probablement ressenti des émotions négatives. Je les décris :

_____

_____

Pour éviter qu'une telle situation ne se reproduise à l'avenir, je me dis — et je répète dans la journée :

_____

_____

7. J'AI PENSÉ À MOI

Il est essentiel que je pense à moi, que je m'accorde le temps nécessaire pour me livrer aux activités que j'aime. Je fais ici le bilan de ma journée :

LECTURE

J'y ai consacré _____ minutes. Est-ce que cela m'a satisfait?

❑ Oui   ❑ Non

DÉTENTE

J'y ai consacré _____ minutes. Est-ce que cela m'a satisfait?

❑ Oui   ❑ Non

ACTIVITÉS DIVERSES

J'y ai consacré _____ minutes. Est-ce que cela m'a satisfait?

❑ Oui   ❑ Non

PROGRAMMATION MENTALE

J'y ai consacré _____ minutes. Est-ce que cela m'a satisfait?

❑ Oui   ❑ Non

8. JE ME DOIS DE CORRIGER

Une façon d'être ou quelque chose que j'ai fait et que j'identifie ici :

_____

9. JE FAIS LE BILAN DE MA JOURNÉE

Je souligne au moins **une** raison que j'ai d'être fier de moi aujourd'hui.

_____

J'ai cessé de fumer.
Je n'ai plus le goût de la cigarette ou de la fumée...

Mais je dois me demander si je suis capable de résister à la cigarette et à la fumée des autres?

❑ Oui   ❑ Non

Je réalise, aujourd'hui, que je suis à mon tour une victime de la cigarette...
Non! Je ne refumerai sûrement pas, et je ne ferai pas fumer les gens que j'aime!

Résumé de ma troisième semaine

1. Est-ce que j'ai réussi à ne pas fumer une seule cigarette pendant cette troisième semaine?

❑ Oui   ❑ Non

2. Si j'ai failli à ma décision,
quelle en a été la circonstance?

_____

_____

_____

_____

3. Malgré ce qui a pu arriver, est-ce que je suis décidé, quand même, à poursuivre pour atteindre mon but?

❑ Oui   ❑ Non

Quelle est la motivation qui doit m'inciter à ne plus flancher?

_____

_____

_____

_____

4. Comment vais-je agir la prochaine fois?

_____

_____

_____

_____

5. Si rien de cela n'est arrivé — et si c'est arrivé, malgré cela —, est-ce que je considère avoir amélioré mon attitude, corrigé ma mauvaise habitude?

_____

_____

_____

_____

6. Est-ce que j'ai atteint le but particulier que je m'étais fixé pour cette semaine?

❑ Oui   ❑ Non

7. Rien ni personne n'est parfait,
mais je sais que que je peux m'améliorer.
C'est de cette façon que je le ferai dorénavant :

_____

_____

_____

_____

Vous avez réussi!

Félicitations! Vous vous êtes rendu jusqu'à la fin du programme et vous êtes aujourd'hui un non-fumeur!

Je vous livre néanmoins quelques conseils en vrac :
si vous ne vous sentez pas suffisamment «solide», recommencez le programme pour une autre période de 21 jours;
si vous avez fumé quelques cigarettes — c'est possible —, ne vous découragez pas, dites-vous que vous avez appris de vos erreurs et recommencez le programme pour une autre période de 21 jours;
si vous le désirez, appuyez-vous sur ces autres «outils» que j'ai évoqués au chapitre 6 et recommencez le programme pour une autre période de 21 jours;
Si vous avez besoin d'aide, sachez que j'ai, à votre disposition, différents programmes de motivation sur cassettes (12 minutes à écouter par jour, pendant 21 jours), notamment un programme qui s'inscrit parfaitement en complémentarité avec celui-ci et qui s'intitule : MOTIVATION SANTÉ / ARRÊTER DE FUMER. D'autres peuvent aussi vous être utiles : ARRÊTEZ DE VOUS EN FAIRE / MAÎTRISEZ VOTRE STRESS (un programme de 21 jours de contrôle du stress; ce ne sont pas seulement des

cassettes de *relaxation* mais bien de motivation à changer de comportement); PERDEZ VOTRE GOÛT POUR LE GRAS / CONTRÔLEZ VOTRE CHOLESTÉROL et BOUGEZ AVEC PLAISIR (un programme de 21 jours pour développer le goût de bouger, de faire de l'exercice). Enfin, lorsque vous serez en parfaite maîtrise de la situation, vous pourrez alors penser à perdre certains kilos supplémentaires que vous aviez sans doute avant même que vous ne cessiez de fumer ; je possède un programme intitulé MOTIVATION MINCEUR / BÂTISSEZ UNE MOTIVATION À TOUTE ÉPREUVE (21 jours pour perdre du poids). Vous pouvez commander tous ces programmes, en cassette audio, en composant le 1-800-268-1007.

***

Mais peut-être, aussi, avez-vous acquis au cours de ces 21 jours une volonté et une détermination que vous ne vous connaissiez (peut-être!) pas. Si c'est le cas, si vous êtes persuadé que plus jamais vous ne refumerez, tant mieux! Je vous félicite.

N'oubliez pas, cependant, d'éviter les gens et les situations qui provoquent des émotions et des sentiments négatifs...

***

Réalisez surtout, dès maintenant, que vous n'êtes plus la même personne. Vous avez cessé de fumer — sans prendre de poids — et vous avez aussi, fort probablement, adopté de nouveaux comportements, que ce soit au niveau de l'alimentation ou de la pratique d'exercices. Gardez ces nouvelles habitudes, elles vous sont profitables.

La seule chose qui vous reste à faire maintenant, c'est de poursuivre dans la même voie.

N'oubliez jamais que c'est au jour le jour que se gagne le succès!

Bonne chance!

R É F É R E N C E S

CARRIER, C. *Les stades de changement et le tabagisme.* Conférence donnée à Montréal, 1999.

DICLEMENTE, C.C., PROCHASKA, J.O., FAIRHURST, S.K., VELICER, W.F., VELASQUEZ, M.M., ROSSI, J.S. *The process of smoking cessation : An analysis of precontemplation, contemplation, and preparation stages of change.* Journal of Consulting and Clinical Psychology. 1991; 59, 2 : 295-304.

DICLEMENTE, C.C., PROCHASKA, J.O. *Self-change and therapy change of smoking behavior : a comparison of processes of change in cessation and maintenance.* Addictive Behaviors. 1982; 7 : 133-142.

LAROCQUE, M. *Maigrir par la motivation.* 1998, Éditions Quebecor.

McCONNAUGHY, E.A., DICLEMENTE, C.C., PROCHASKA, J.O., VELICER, W.F. *Stages of change in psychotherapy : A follow-up report.* Psychotherapy : Theory, Research and Practice. 1989; 26,4 : 494-503.

PROCHASKA, J.O., DICLEMENTE, C.C., NORCROSS, J.C. *In search of how people change. Applications to addictive behaviors.* American Psychologist 1992; 47 : 1102-1114.

PROCHASKA, J.O., VELICER, W.F., DICLEMENTE, C.C., FAVA, J. *Measuring Processes of Change : Applications to the Cessation of Smoking.* Journal of Consulting and Clinical Psychology. 1998 ; 56, 4 : 520-528.

PROCHASKA, J.O., DICLEMENTE, C.C., VELICER, W.F., GINPIL, S., NORCROSS, J.C. *Predicting change in smoking status for self-changers.* Addictive Behaviors 1985 ; 10 : 395-406.

ARRÊTER DE FUMER

*Sans engraisser
en moins de 21 jours*

- *Développez votre
  motivation tout en
  continuant à fumer.*

- *Perdez votre goût pour la cigarette
  grâce à la programmation mentale.*

- *Seulement 12 minutes par jour
  pendant 21 jours.*

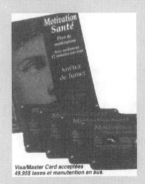

Visa/Master Card acceptées
49,95$ taxes et manutention en sus.

Catalogue gratuit
disponible sur
demande

Autres programmes
«Motivation Santé»
disponibles:
- anti-cholestérol
- anti-stress
- pour maigrir
- pour développer le goût
  de l'exercice

Commandez dès maintenant au

1 800 268-1007

Distribution CODIRECT inc.

4335, rue de Verdun, Verdun (Québec) Canada H4G 1L6
Téléphone: (514) 767-1007